누구나 꽃이 피었습니다

누구나 꽃이 피었습니다
— 영화보다 재미있는 현실 인권 이야기

김예원 지음

이후

일러두기

1. 한글과 외래어 표기는 〈국립국어연구원〉 표준국어대사전 표기 및 '외래어 표기법'을 따랐다. 단, 이미 개봉한 영화나 책 제목의 경우에는 이 원칙보다 발표된 제목을 우선으로 표기했다.

2. 띄어쓰기 역시 표준국어대사전을 따랐으나, 법률을 그대로 인용할 경우에는 법전 표기 내용을 우선했다.

3. 영화 제목에는 꺾쇠(〈 〉)를, 단체 이름에는 홑낫쇠(「 」)를, 책 제목에는 겹꺾쇠(《 》)를, 법률에는 작은따옴표(' ')를 썼다.

추천하는 글

좋은 사람이 쓴 좋은 책

추천 글 쓰는 게 이렇게 부담되는 일인 줄 몰랐습니다. 좋은 사람이 쓴 좋은 책, 잘 팔려야 하는데……. 독자들이 추천 글만 보고 계산대로 가거나 구매 클릭을 하는 기적까지 바라는 건 아니지만, 추천 글이 흠이 되지는 않았으면 좋겠습니다.

제 기준으로, 사람이 유명해지면 자주 하는 일 중 하나가 포털 사이트에 들어가 이름을 검색해 보는 것입니다. 연관 검색어를 보면서 저에 대해 궁금해 하는 것과 '재심 전문 변호사' 같은 별칭을 확인하곤 합니다. 추천 글을 통해 김예원 변호사가 어떤 사람인지 알리고 싶었습니다. 포털 사이트에 들어가 '김예원 변호사'를 검색했더니 연관 검색어로 '장애인 변호사', '인권 변호사가 하는 일'이 뜹니다.

장애인 변호사

김예원 변호사는 시각장애 6급 장애인입니다. 태어날 때 의료 사고로 한쪽 눈을 잃었습니다. 갓난아이 때부터 의안을 해야 했습니다. 아이들이 따라오며 "개눈깔이래~"하며 놀려 댔습니다. 어린 김예원에게 늘 있는 일이었습니다.

어릴 적 의안 때문에 놀림을 많이 받았던 김예원 변호사, 친어머니와 동거하던 남자에게 무차별 폭행을 당해 한쪽 눈을 잃은 아동(5살)의 변호인이 되어 법정에 섰습니다. 김예원 변호사는 자신의 오른쪽 인공 안구를 꺼내 보였습니다.

"이 아이가 나와 같은 괴로움으로 유년 시절을 보낼 것이라고 생각하니 마음이 아픕니다. 평생 장애를 안고 살아가야 할 피해 아동을 생각해서 가해자들을 엄벌에 처해 주십시오."

그렇게 호소했습니다. 법원은 징역 18년의 중형을 선고했습니다. 김예원 변호사만이 할 수 있는 변호입니다. 한눈으로 살아 온 경험이 있기에 가능한 변호입니다.

인권 변호사가 하는 일

많은 사람들이 직업에 귀천이 있다고 믿고 있습니다. 남들이 천하게 보는 직업을 선택하지 않으려고, 또는 이를 모면하려고 애를 씁니다. 그런데 돈과 권력을 취할 수 있는 '귀하다는 직업'은 저지를 수 있는 악행의 넓이와 깊이 또한 크고 깊은 것 같습니다. 변호사는 그 귀하다는 직업 중 하나입니다.

변호사로서 돈을 벌려고 작정하면 얼마든지 다른 선택을 할 수 있었을 것입니다. 그런데도 김예원 변호사는 사법연수원을 수료한 직후부터 공익·인권 변호사의 길을 걷고 있습니다. 그동안의 법률 지원 사례가 1천 건이 넘습니다. 6년간 싸워, 시각장애인도 1종 운전면허시험에 응시할 수 있도록 법 개정을 이끌어 내기도 했습니다. 개개 사건 해결부터 제도 개선에 이르기까지 인권변호사로서 해 온 일이 많고, 앞으로 할 일도 많습니다. 변호사 김예원은 한마디로, '좋은 사람'입니다.

"어린 나이에 미혼모가 되는 것이 어떤 것인지 아는 마음.
가난하게 살거나, 흑인으로 사는 것, 장애인으로 사는 것,
노인으로 사는 것이 어떤 것인지 이해하는 마음.
곧 공감을 지닌 사람이 필요합니다."

버락 오바마 전 미국 대통령이 2007년 미국 대선 유세 중에 한 말입니다. 의지할 곳 없는 사람들이 어떤 삶을 살고 있는지 그들의 설움이 어떠한지를 아는 것. 바로 이 '공감'이 필요한 세상입니다.

공감은 사람에 대한 이해에서 시작됩니다. 누군가를 이해하려

면 그 사람의 처지와 상황을 올바로 알아야 합니다. 실제 현실에서는, 1천만 관객 영화 〈7번 방의 선물〉 속 이용구와 같이 "61년생. 엄마 아팠어요, 내 머리 커서", "예, 예승이 예뻐요!"처럼 아기 화법을 쓰는 성인 남성 지적장애인은 찾아보기 힘듭니다. 저를 포함하여 많은 분들이 이 책을 통해 현실 속 장애인을 올바로 알게 되면 좋겠습니다. 이 책은 우리에게 익숙한 영화를 통해 현실 속 장애인의 삶을 이야기하고 있습니다. 이 책은 '공감'을 이야기하는 '좋은 책'입니다.

좋은 사람이 쓴 좋은 책. 이런 책이 잘 팔리는 세상이 정의로운 세상입니다. 정의로운 세상은 우리가 함께 만들어 가야 합니다.

김예원 변호사가 초심을 잃지 않고 지금과 같이 약자들의 편에서서 약자들과 함께 한다면, 우리 시민들은 책을 구입하는 것으로 '선한 연대'에 동참할 것이라 믿습니다.

박준영(변호사)

● ● ●

오래 전, 영화 〈오아시스〉를 준비할 때가 떠올랐습니다.

솔직히 말해 뇌성마비 장애를 가진 한공주 캐릭터를 준비하면서 가장 어려웠던 점은 장애를 가진 이들과 친구가 되는 과정이었습니다.

　작품을 위해서라도, 그들과 매우 친하게 지내고 싶었지만 제 마음속 깊숙이, 저도 모르게 자리잡고 있었던 장애인에 대한 편견과 불편한 마음들 때문에 장애를 가진 분들을 만나고 알아 가고 가까워지는 과정이 무척이나 어려웠습니다.

　그런 마음들을 쉽게 넘어서지 못하는 스스로에게 크게 실망한 것은 물론, 저 같은 사람들이 대부분일 거라는 주변 사람들의 말에 또 한번 크게 좌절했습니다.

　십여 년이 지났지만 지금도 많이 다르지 않을 거라 생각합니다.

　지금 이 사회에서 같이 살아가는 이웃으로, 친구로, 동료로, 장애를 가진 분들을 받아들이고 함께 하기 위해 많은 사람들의 노력이 필요하다고 생각합니다.

　그리고 김예원 변호사님의 이 책이 그 길에 큰 활력이 될 수 있을 것 같아 반가운 마음입니다.

　다시 한번 저를 돌아보게 되는 계기가 되었습니다.

　감사한 마음 전합니다.

문소리(배우)

● ● ●

　무심코 지나치는 것을 빛나는 눈으로 오래 바라보는 것은 생각보다 어려운 일입니다. 장애인을 바라보는 세상의 눈이 그렇습니다. 자세히 보지 않고, 먼저 말 걸지 않고, 때로는 애써 모른 척 지나가야 하는 불편한 존재로 여길 때도 있습니다. 장애가 장애 되지 않는 세상을 만들고자 다양한 정책과 제도를 내놓고 있지만, 정작 장애인 한 사람을 얼마나 오래 바라보며 고민했던가 스스로 되묻곤 합니다.

이 책에는 영화 속 장애인이 나옵니다. 영화를 통로 삼아 우리 시대를 살아가는 장애인들의 삶을 구체적으로 그리고 있습니다. 우리 주변에도 기봉이와 초원이가 있고, 〈밀양〉의 신애처럼 아픈 마음을 안고 살아가는 이가 많습니다. 〈나, 다니엘 블레이크〉에서처럼 복지라는 명목으로 인간의 존엄성을 훼손하는 일이 있어서는 안 된다는 말이 특히 마음에 와 닿았습니다. 사람 중심의 따뜻한 행정이 중요하다는 가르침을 되새깁니다.

김예원 변호사는 사법연수원을 수료하고 나서부터 지금까지 공익 활동을 전담하는 변호사로 살고 있습니다. 아이 셋을 키우는 워킹맘이면서 장애인, 여성, 아동의 든든한 조력자로 전국을 누빕니다. 적극적으로 문제 제기를 하고 하나씩 바꿔 가는 저자의 패기는 가슴이 뻥 뚫리게 시원합니다.

독일의 법철학자 예링은 "법의 목적은 평화이고, 거기 이르는 과정은 투쟁"이라 했습니다. 김예원 변호사는 장애인과 비장애인이 자연스레 어울려 사는 평화를 위해 즐거운 투쟁을 벌이고 있습니다. 장애 인권에 관한 책이지만 사례마다 재미있고 유쾌합니다. 밝고 씩씩한 김예원 변호사의 성품이 그대로 드러나 보입니다.

이 책은 영화를 빌어 현실을 이야기합니다. 장애와 법률을 어렵지 않게 이해하길 원하는 분들에게, 누구라도 인권을 누리며 사는 세상을 꿈꾸는 분들에게 이 책을 권하고 싶습니다. 지금보다 나은 사회를 만드는 일에 관심이 있는 모든 이에게 용기와 희망을 줄 것입니다.

박원순(서울특별시장)

• • •

김예원 변호사를 볼 때마다 궁금했습니다. 어떻게 저렇게도 활달할 수 있을까, 무엇이 저 사람을 그렇게 만들었을까? 김예원 변호사가 한쪽 눈으로만 살아 왔다는 것은 최근에 알았습니다. 그런 김 변호사가 장애인에 대한 글을 쓴다고 해서 기대가 됐습니다.

책은 영화를 소재로 하고 있습니다. 우리 사회 장애인의 삶이 어떤지, 비장애인은 그들과 어떻게 조화를 이루어 살아가야 할지를 말하고 있습니다. 소리 내어 읽어 보니 마치 옆에서 재잘거리며 말하는 것 같습니다. 무거운 주제를 수다 떨듯 이야기하니 저도 모르는 사이에 주제 한가운데로 빠져 들어갑니다.

책에는 실제 장애인들의 삶이 다양하게 소개되어 있습니다. 일상생활이 불가능할 거라 짐작하는 발달장애인이 세차장에서 비장애인보다 꼼꼼하고 세심하게 일을 하고 있는 모습을 확인할 수 있습니다. 장애인은 불쌍하거나 쓸모없다고 여기기 쉽지만, 이 책은 그렇지 않은 장애인의 진짜 모습을 보여 줍니다.

그렇다면 장애인과 비장애인이 어떻게 함께 살아가면 좋을까요? 김예원 변호사는 이렇게 말하고 있습니다.

"내가 상대방이라면 어떨까, 를 명심한다면 조금 더 조심하게 됩니다. 장애인이 스스로 삶을 결정할 수 있다는 것, 장애인이 불쌍해서 돕는 것이 아니라 같은 세상을 살아가는 사람으로서 서로 의지하는 과정이라는 것…, 그런 것들을 기억하면 장애인과 상호 작용하는 것이 훨씬 수월해질 수 있답니다."

이 책을 통해 장애인과 비장애인이 연대하는 방법을 독자들이 배웠으면 좋겠습니다. 이 책은 장애인에 대해 단순히 연민의 정을 강조한 책이 아닙니다. 날마다 장애인의 인권을 위해 싸우고 있는 한 법률가의 이야기이고, 나도 모르게 잘못된 시선으로 바라보게 되는 장애인에 대한 좁은 시각을 바로잡아 주는 이야기입니다. 김예원 변호사가 말하는 우리의 현실, 우리가 가야 할 미래에 관심을 가져 주십시오. 그를 격려해 주시고 그가 지향하는 꿈이 우리 모두의 꿈이 되도록 힘찬 박수를 보내 주십시오.

박찬운 (한양대 법학전문대학원 교수, 변호사)

평등한 일상.

세 아이의 엄마로, 인권 변호사로, 장애 여성으로 살아가는 김예원 변호사는 언제 쉴까? 잠은 제대로 자나? 생각하면서 책을 읽어 내려갔다. '대단하다'고 생각하다가 '당연하다'고 생각이 바뀌었다.

영화와 일상을 '장애'로 연결해 보면 영화 속에 등장한 장애인은 우리가 살아가는 삶의 공간에 등장하게 된다. 우리 사회 현실 속에서 살아가는 장애인은 차별과 폭력의 현장에 맞서 있었다. 그래서 영화의 결말보다 김예원 변호사가 일상적으로 지원한 장애인 인권 옹호 활동의 결과가 더 드라마틱했다. 김예원 변호사는 차별과 폭력에 맞서 있는 장애인의 삶에 깊숙이 들어가 소통하고 공감한다. 그리고 법의 논리와 제도의 해석으로 함께 투쟁하면서 동행한다. 그 투쟁의 결과는 통쾌했다. 책에서 소개되는 사건들을 해결하기 위해 끊임없이 고민하고 시도하고 요구하는 실천이 바로 인권 옹호의 과정이었다.

최근에는 장애인 차별, 학대, 인권침해 등을 지원하는 단체 및 기관들이 늘어나고 있다. 장애인자립생활센터, 장애인권익옹호기관, 발달장애인지원센터, 학대피해장애인지원기관, 장애인차별상담기관 등에서 활동하고 있는 활동가들은 상담을 받고 지원하는 과정에서 정보와 자원을 필요로 한다.

이 책에는 에피소드 별로 정보와 자원을 제공하고 있다. 무엇보다 장애인의 권리를 옹호하고 조력하는 활동에서 생각해야 할 관점과 긴장감까지 제시하고 있다.

김예원 변호사는 상담을 하고 사건을 지원하면서 장애인 당사자의 장애 유형, 젠더 기반, 관계망 등을 살피면서 의견을 경청하고 방안을 찾아나간다. 문제 해결 과정에서 그 장애인을 배제하지 않는다. 평등한 소통을 위한 감수성을 배우게 한다. 그래서 이 책을 장애인 인권 옹호에 힘쓰는 활동가들에게 적극 추천한다.

이 책을 읽은 후 소개하는 영화를 본다면, 영화 속에 등장하는 장애인의 삶을 동정 어린 시선으로 보거나 불행한 삶의 모습에 집중하기보다 평범한 일상을 살아갈 수 없는 사회적 시선과 환경을 볼 수 있는 확장된 시각과 감각을 일깨울 것이라 생각한다. 독자들이 책과 영화를 '장애'로 연결하여 이야기를 풀어낸 김예원 변호사가 제안하는 공동체의 평등한 일상에 동참하게 되기를 기대한다.

배복주

(장애여성공감 대표, 전국성폭력상담소협의회 상임대표, 국가인권위원회 인권위원)

들어가며

"엄마~ 한쪽 다리 없는 병정은 왜 버려진 거야?"

유치원생인 큰아이가 어제 읽어 준 동화책《외다리 병정》내용이 생각났는지 문득 묻습니다.

"음⋯⋯."

선뜻 대답을 하기 굉장히 어려운 질문이었습니다. 버려질 이유가 없는데 버려지는 것, 무시당할 이유가 없는데 무시당하는 일이 많은 세상이기에 마음 한편이 무거워지기도 했습니다.

'인권이 무엇입니까?'라는 질문을 받을 때가 있습니다. 멋지게 답변해 보려고 이렇게 저렇게 머리를 굴려 봐도 사실 답은 하나만 떠오릅니다.

"그 사람 입장이 되어 보는 것!"

상대방의 마음이 어떨지 그 입장이 되어 헤아려 본다면 굳이 거창하게 인권人權이라는 말을 쓰지 않더라도 세상이 참 말랑말랑해질 텐데 싶습니다.

저는 어릴 때부터 한쪽 눈으로만 세상을 보아 왔습니다. 이미 그것에 익숙했던 저는 중학교 때 엄마가 '태어날 때 의료 사고가 있어서 한쪽 눈이 없어졌다'고 말씀하시는 것을 듣고서도 비분강 개하지는 않았습니다. 오히려 "너무 예쁘면 지나치게 인기가 많아서 피곤해질까 봐 그런 건가?" 이런 식으로 넘기려고 노력했던 것 같습니다.

학업 성적도 좋고 힘도 세서 운동을 잘 하던 저는 학교에서 목소리가 크고 지나치게 활달한 아이였습니다. 장애인이었지만 특별히 장애 때문에 학교생활이 어려웠던 적은 없었죠. 오히려 당시 어려웠던 집안 사정이 훨씬 큰 짐이었기 때문에 더 밝게 생활하려고 했던 것 같습니다.

그렇게 학교를 졸업하고 신림동에서 고시 공부를 시작했습니다. 그 무렵 휴식 시간의 유일한 낙은 좋은 영화를 보는 것이었습니다. 딱히 장르를 가리지 않고 보는 편인데 그중에도 공감할 수 있는 '사람 이야기'가 담긴 영화를 좋아합니다. 사람마다 성격과 겪어 온 일들이 다르기 때문에 사람은 좁은 자기만의 세상에 갇혀 살기 쉽습니다. 영화는 상상 속에서 간접 체험을 통해 여러 삶을 살게 해 주기에 영화 속 그 사람의 마음을 대신 느껴 볼 수 있습니다. 그 과정에서 '그 사람 입장이 되어 보는' 체험을 하다 보면 자연스럽게 인권에 대해서도 많은 생각을 하게 됩니다.

언론을 통해 드러나는 장애인 관련 기사들은 대체로 장애인의 이동권 문제, 장애인 관련 범죄들, 장애인 고용률, 특수학교 설립

등 거창한 문제들을 담은 것이 많습니다. 그렇지만 사실 그 속에는 그 삶을 살아 내는 장애인 한 사람 한 사람이 있습니다. 수많은 사건을 통해 장애인 당사자를 만나고 소통하면서 느낀 점은 '법보다, 제도보다, 그 속의 사람에 집중하는 것이 참 중요하다.'는 것입니다. 그래서 재미있게 보았던 영화 중 장애 인권과 관련되어 공감하고 생각했던 점을 실제 지원했던 사례들과 연결해서 풀어 보았습니다.

장애가 있건, 나이가 많건 적건, 무슨 일을 하건 '사람은 누구나 귀하게 피어난 존재'라는 당연한 이야기를 담으려 하는데 뱃속에 셋째가 찾아온 것을 알게 되었습니다. 부족한 글 솜씨로 머리를 쥐어짜는 동안에도 꼬물꼬물 뱃속에서 무사히 자라 준 아이가 큰 힘이 되었습니다. 밤낮없이 여기저기 다니는 저를 묵묵히 지켜봐 주고 응원해 준 사랑하는 남편 강지성과 아이들 하영이, 하람이, 하임이에게 먼저 고마움을 전하고 싶습니다. 부족한 원고의 출판을 맡아 주시고 지긋한 신뢰를 보내 준 출판사에도 감사드립니다.

마지막으로, 이 책에 실린 사례의 내용은 당사자 보호를 위하여 특정되지 않도록 각색하였으며, 사례 속 사람들의 이름은 모두 가명임을 밝힙니다.

2019년 1월

김예원

차례

추천하는 글   5
들어가며   15

1. 나무늘보도 직장이 있는데, 장애인은 일할 곳이 없다
ㅡ〈주토피아〉의 나무늘보는 어떻게 취직했을까?   22

함께생각 1 장애인을 처음 만났을 때   33

2. 장애 여성의 당당한 도시살이
ㅡ〈조제〉야 그런 남자 필요 없다!   36

3. 아프면 집에 가만 있으란 말이 제일 싫어
ㅡ하고 많은 이름 중에 하필이면 〈애자〉   48

4. 먹여 주고 재워 줬으니 감지덕지라니요?
ㅡ우리 주변에 살고 있는 〈맨발의 기봉이〉들   58

함께생각 2 재판받는 발달장애인   68

5. '투명인간' 취급하지 마세요
— 〈마더〉 속 원빈은 엄마 덕에 행복했을까?   72

6. 그저 함께 살아가고 싶은 것뿐
— 〈시네마천국〉, 그리고 장애인천국!   82

7. 무조건 '같이' 있기만 하면 저절로 통합 교육인가요?
— 〈우리들〉 속 살아 숨 쉬는 아이들 마음   96

함께생각 3 장애인이 시설에만 산다면   106

8. 세상을 무서워하지 말아요

　―〈밀양〉의 신애는 정신병원에서 나와 어떻게 살았을까?   110

9. 사회봉사에도 자격이 필요한가요?

　―〈헬프〉속 화장실 자격, 장애인의 사회봉사 자격   120

10. '원칙' 같은 소리 하고 있네

　―〈나, 다니엘 블레이크〉이야기   132

함께생각 4 잘못된 법은 바꿔야지요   145

11. 중증장애인과 비장애인이 친구가 될 수 있을까?
―〈언터처블〉 속 1퍼센트 우정의 실현 가능성   148

12. 일부러 그런 게 아니에요, 내겐 자연스런 일이에요
―〈말아톤〉의 초원이와 얼룩말 엉덩이   160

13. 그것은 정말 선물이었을까?
―〈7번 방의 선물〉 속 예승이 아빠가 받은 선물의 실체   170

장애인권법센터   180

1.
나무늘보도 직장이 있는데, 장애인은 일할 곳이 없다

— 〈주토피아〉의 나무늘보는
어떻게 취직했을까?

비싼 손세차 대신, 주유 후 할인 쿠폰을 이용한 자동세차만 하는 저도 1년에 한 두 번은 손세차를 할 때가 있습니다. 가격이 저렴하면서 세차를 잘 하는 곳을 알아보다가 집 근처에 발달장애인들이 세차원으로 일하는 세차장이 있어 가게 되었습니다. 그 세차장에서 일하는 발달장애인은 자폐성장애인도 있고, 지적장애인도 있었는데 모두 세차에 탁월한 능력을 가진 것 같았습니다. 괜히 또 오지랖이 발동합니다. 차를 찾으러 오라는 시간보다 조금 일찍 도착해서 이것저것 물어보게 되었습니다.

지적장애인인 상민 씨는 올해 마흔세 살이라고 하는데 이 세차장을 운영하는 장애인 거주 시설에 5년째 살고 있다고 합니다. 지적장애인은 반복적이고 지겨운 일을 꾀부리지 않고 오래 해내는 특성이 있습니다. 상민 씨 역시 땀을 흘리면서 열심히 세차를 하고 있더군요.

또 다른 세차원은 만섭 씨인데 올해 서른여덟 살이라고 합니다. 다른 지역에 있는 장애인 거주 시설에서 오래 사시다가 가족들이 이 시설로 옮기도록 했다고 합니다. 자폐성장애인은 대개 지나치리만큼 꼼꼼하고 세심한 성격을 지니고 있습니다. 그래서인지 만섭 씨는 비장애인 세차원이 미처 닦지 않는 저 구석탱이까지 굳이 열심히 닦습니다. 고마운 마음에 음료수라도 즉석에서 돌리고 싶어 눈치를 보는데 그새 세차가 다 되어 인사만 드리고 그곳을 빠져나왔습니다.

상민 씨와 만섭 씨가 일하는 그 세차장을 운영하는 곳은 사회복지법인입니다. 장애인 거주 시설도 함께 운영하고 있었습니다. 예전에 그 장애인 거주 시설에 법률 자문을 해 드린 적이 있었습니다. 시설에서 함께 살아가던 생활인 간에 다툼이 있어 누군가 다쳤는데, 그 문제를 법률적으로 어떻게 풀어갈지 자문해 주게 되었거든요. 그때 시설 운영자와 알게 되었는데, 이번에는 다른 일로 만나 이야기를 나누다가 그 세차장이 생각나서 이것저것 또 물어보았습니다. 시설 운영자의 설명은 이랬습니다.

　"저희 세차장은 '장애인 보호작업장(장애인 직업재활 시설 중 하나)'으로 신고했어요. 지금 다섯 명 정도의 장애인이 일하고 있어요. 모두 저희 거주 시설에서 먹고 자고 하는데요, 평일에는 아침 열 시 정도에 세차장에 출근하여 오전 일 하고, 열두 시나 한 시에 점심을 먹어요. 손님이 많을 때는 저녁 일곱 시까지 일할 때도 있어요."

　"우리 아저씨들이 처음에는 좀 힘들어했는데 지금은 적응 잘 해서 재미있게 하는 것 같아요. 저희 시설에서 쓰는 차도 덕분에 항상 깨끗한 상태를 유지하고 있죠."

　덧붙여서 몇 개 더 물어 보니, 주말에도 손님이 많아서 반나절은 일을 해야 하는 상황이라고 합니다. 일하는 속도는 느리지만 할 일이 적었던 것은 아니었죠.

느림보 나무늘보가 일하는 직장

영화 〈주토피아〉의 주인공인 토끼 경찰은 마음이 급했습니다. 어렵사리 경찰이 되었지만, 토끼라는 이유로 서러운 무시를 당하다가 우여곡절 끝에 중요한 사건을 맡았기 때문입니다. 능력이 출중한 우리의 주인공 토끼 경찰은 안타깝게도 그 어려운 사건을 겨우 이틀 안에 해결해야 했습니다. 그 과정에서 자의 반 타의 반으로 사건 해결의 파트너로 만나게 된 날라리 여우는 협조는 커녕 사사건건 토끼 경찰의 속을 슬슬 긁기만 하는 것이 아닌가요.

토끼 경찰이 '자동차 번호판 조회'라는 난관에 봉착하여 흘러가는 시간에 속이 까맣게 타들어갈 때였습니다. 여우는 토끼 경찰을 도와주겠다며 자동차 관리 공공 기관으로 토끼 경찰을 데리고 갔죠. 반가운 마음에 총알같이 뛰어 들어간 토끼 경찰은 악! 소리를 질렀습니다. 그 공공 기관에서 일하는 모든 노동자가 '나무늘보'였던 것이죠! 세상 느리고 굼뜬 이 나무늘보들에게 자동차 번호판 조회 결과를 받으려면 하루 종일이 걸릴 텐데! 우리의 주인공 토끼 경찰은 땅이 꺼져라 한숨을 쉽니다.

우리나라의 장애인복지법은 "신체 정신상의 손상 또는 기능상실이 장기간에 걸쳐 계속되어 일상생활에 현저한 지장을 초래하는 경우"를 '장애'라고 하고 있습니다. 나무늘보는 그저 자신만

이력서

이름: 김늘보
사는곳: 숲 속
희망업무: 정규직
        사무직
특이사항: 꼼꼼함, 성실함
        느린행동
좌우명: 느리지만 배르게

합격
불가

의 속도로 일을 할 뿐입니다. 단순히 동작이 엄청나게 느린 것만을 놓고 장애가 있다고 보기 어려울 수도 있죠. 그러나 남들은 10초면 처리할 일을 1시간을 붙잡고 있는 모습을 보면, 빠르디 빠른 현대사회에서 나무늘보가 얼마나 일상생활에 큰 어려움을 겪어 왔을지 상상이 됩니다. 그런 느림보 나무늘보들이 한 공공 기관의 노동자들로 열심히 일을 하고 있는 모습을 보고 괜스레 마음이 벅차올랐습니다. 왜일까요?

월급이 없어도 일만 하게 해 달라고요?

우리나라의 장애인 취업 상황에 대하여 궁금해서 알아본 적이 있습니다. 최근 「한국장애인고용공단」의 조사 결과에 따르면, 우리나라 전체 국민 중 경제활동에 참가하는 장애인은 채 40퍼센트도 되지 않는 것으로 밝혀졌습니다. 그렇게 어렵게 취직한 장애인 중 이른바 정규직으로 근무하는 사람도 한 35퍼센트 정도에 불과하지요. 장애인이 정규직으로 취직하는 것은 정말 바늘 구멍에 낙타가 들어가는 것만큼이나 어려운 일이라고 할 수 있겠네요.

　장애인 의무고용률을 잘 지키는지 해마다 통계를 내는데요, 이 제도가 생긴 이래로 초과 달성을 해 본 역사가 거의 없습니다. 심지어 2010년부터는 중증장애인을 고용한 경우 그 장애인을 한 사람이 아니라 두 사람으로 계산하는데도 미달의 역사는 계속되고 있죠.

우리나라 장애인 복지시설 중에 '장애인 직업재활 시설'은 세 가지 종류가 있습니다. (1) 장애인 보호작업장 (2) 장애인 근로작업장 (3) 장애인 직업적응훈련시설, 이렇게요. 이 중에 최저임금법을 지켜야 하는 곳은 장애인 근로작업장밖에 없는 상황입니다.

(1) 장애인 보호작업장은 직업능력이 낮은 장애인에게 직업적응능력 및 직무기능 향상훈련 등 직업재활훈련 프로그램을 제공하고, 보호가 가능한 조건에서 근로의 기회를 제공하며, 이에 상응하는 노동의 대가로 임금을 지급하며, 장애인 근로사업장이나 그 밖의 경쟁적인 고용시장으로 옮겨갈 수 있도록 돕는 역할을 하는 시설입니다.

(2) 장애인 근로사업장은 직업능력은 있으나 이동 및 접근성이나 사회적 제약 등으로 취업이 어려운 장애인에게 근로의 기회를 제공하고, 최저임금 이상의 임금을 지급하며, 경쟁적인 고용시장으로 옮겨갈 수 있도록 돕는 역할을 하는 시설입니다.

(3) 장애인 직업적응훈련시설은 얼마 전에 새로 생긴 종류인데요, 작업능력이 극히 낮은 장애인에게 작업활동, 일상생활훈련 등을 제공하여 기초작업능력을 습득시키고, 작업평가 및 사회적응훈련 등을 실시하여 장애인 보호작업장 또는 장애인근로사업

장이나 그 밖의 경쟁적인 고용시장으로 옮겨갈 수 있도록 돕는 역할을 하는 시설을 말합니다.

그럼, 이쯤에서 궁금해지실 거에요. 앞에서 소개한 세차장에서 일하는 장애인들의 경우, 그렇게 열심히 일하고 한 달에 월급으로 얼마나 받을까요? 이런 질문을 던지면 대부분의 사람들은 "에이, 그렇게 오래 일하고 일도 잘 한다는데 당연히 최소 백만 원은 받지 않겠어요?" 하고 말씀들 하시더군요. 저도 정말 그렇게 되기를 바라지만, 제가 확인한 그분들의 월급은 8만 원에서 22만 원 정도였습니다.

당연히 위법 아니냐고요? 최저임금법을 어겼으니 처벌을 받아야 한다고요? 아닙니다. 안타깝게도 이 모든 과정은 합법이랍니다. 왜냐하면 우리나라 최저임금법에는 어떠어떠한 상황에서는 적용을 안 해도 된다는 예외 규정이 있는데, 이 세차장처럼 '장애인 보호작업장'의 경우에는 거의 설립과 동시에 관행적으로 최저임금법 적용을 면제해 주고 있기 때문이죠.

최저임금법 제7조(최저임금의 적용 제외) 다음 각 호의 어느 하나에 해당하는 자로서 사용자가 대통령령으로 정하는 바에 따라 고용노동부장관의 인가를 받은 자에 대하여는 제6조를 적용하지 아니한다.

1. 정신장애나 신체장애로 근로 능력이 현저히 낮은 자
(이에 대하여 시행령은 "정신 또는 신체의 장애가 업무 수행에 직접적으로 현저한 지장을 주는 것이 명백하다고 인정되는 사람"이라고 규정하고 있습니다.)

그래도 어떻게 그렇게 '시설장 맘대로' 월급을 줄 수가 있냐고요? 이런 보호작업장은 서류상으로는 '시설장 맘대로' 월급이 아니라 나름대로 월급을 계산하는 시스템이 다 있습니다. 실제 일한 시간과 그 사람의 근로 능력을 곱해서 낸 요율에 근거해서 월급을 주게 되어 있는 것이죠. 그래도 실제로 그런 시스템은 거의 무용지물입니다. 일을 적게 하는 사람은 근로 능력을 높게 산정해서, 일을 많이 하는 사람은 근로 능력을 낮게 산정해서 같은 액수의 월급도 줄 수도 있기 때문이죠.

그런 악덕 보호작업장이라면 그만두면 되지 않느냐고요? 속상하지만 보호작업장에서 아쉬울 것은 없습니다. 그 쥐꼬리만 한 월급이라도 괜찮다고, 아니, 공짜로 일해도 좋으니 제발 낮 시간 동안 일터에 있게 해 달라는 장애인(대개는 장애인의 보호자)이 끝도 없이 많으니까요. 이쯤 되면 여기저기 뚜껑이 열리는 소리가 들립니다. 왜 이런 일이 버젓이 일어나는 걸까요?

장애인은 집이 아닌 시설에서 사는 것이 익숙합니다. 지역사회에 사는 장애인들은 어디 마땅히 갈 곳이 별로 없습니다. 그렇다

보니 장애인을 시설에 보내지 않고 함께 살고 있는 가족들은 불안합니다. 우리 집에 있는 장애인이 집을 나가 혼자 여기저기 돌아다니다가 사고가 나지 않을까? 괜한 오해를 사서 경찰서에 끌려가는 것은 아닐까? 하면서요. 그렇다고 하루 종일 집에만 같이 있기도 쉽지 않습니다. 장애인도 답답해하고 짜증을 낼 수밖에 없습니다. 받아 주는 것도 하루 이틀이라 가족들도 점점 지쳐 가게 되죠. 그래서 간절히 바랍니다. 월급 안 벌어 와도 좋으니까 제발 어디라도 가서 낮 시간만이라도 때우고 오라고요.

그런 장애인 가족들의 절박한 심정을 이용하여 운영되고 있는 장애인 보호작업장을 종종 보게 됩니다. 통풍도 잘 안 되고 햇빛도 잘 들어오지 않는 열악한 작업 환경에서, 비장애인과 똑같은 작업으로 중노동하는 장애인에게 용돈 수준의 월급을 주면서 생색을 내는 그런 보호작업장 말이죠. 심지어 커피를 팔고 쿠키를 만들어 파는 한 보호작업장은 장애인 근로자에게 월급 대신 쿠키나 케이크를 노동의 대가로 주기도 하더라고요. 세상에. 그 사실을 알고 난 뒤로 다시는 그 눈물 젖은 쿠키를 먹을 수 없었습니다.

내 주변에 있는 나무늘보를 찾아볼까요? 내 마음대로, 내 생각대로 빠릿빠릿할 수 없는 상황에 처해 있는 사람들 말이죠. 생각보다 참 많습니다. 어린 아이도 느릿느릿, 할아버지 할머니도 느릿느릿, 외국인은 멈칫멈칫. 혹시 장애인 노동자와 함께 일하고 있는 사람이 있다면 그 사람은 정말 나무늘보 같은 직장 동료를 날마다 만나고 있는 셈인지도 모르죠.

이 문제로 다른 사람들과 이야기를 나누어 보았습니다. 어떤 사람은 "장애인을 채용하는 그 자체를 칭찬해 줘야지 어떻게 최저임금까지 챙겨 주냐"며 핏대를 올리더군요. 그 사람에게 장애인이 비장애인과 함께 지역사회에서 살 수 있는 첫 걸음이 뭔지 물어보았습니다. 대답을 못 하더라고요.

"인간이 다른 인간에게 눈치를 안 보고 나 하고 싶은 대로 선택하며 살 수 있는 첫 걸음은 '경제적인 독립'입니다."

그렇게 이야기해 주었습니다. 그러려면 느릿느릿 나무늘보도 제대로 된 직장에 다니고 월급도 잘 챙겨 받고 사람답게 살아야 합니다.

계절이 몇 번 지나고, 다시 그 세차장을 찾아가 보았습니다. 간판도 새로 달고 돈도 제법 번 것 같았습니다. 장비도 번쩍번쩍 새 것들이 보였습니다. 익숙하게 쏴아아 물을 뿌리는 분은 새로 오신 분 같습니다. 일하는 분들도 좀 늘었습니다. 안면이 있던 상민 씨에게 반가운 눈인사를 하니 쑥스러운 표정으로 활짝 웃어 줍니다. 그 환한 웃음을 마주 보는데, 괜히 미안해집니다. 마음 한켠에 깃든 이 미안함이 개운하게 걷히고 나도 활짝 웃으며 인사할 그날이 빨리 오길 기대해 봅니다.

~~~~~~

Q 장애인을 만나면 어떻게 해야 할지 모르겠어요.

A 낯선 사람을 처음 만나면 당황하거나 머뭇거리는 것이 당연합니다. 그런 의미에서 비장애인이 장애인을 처음 만났을 때 다가가길 주저하거나 멈칫하는 것 또한 당연하다고 생각합니다. 대부분의 사람은 자신이 경험한 것 안에서 사고하고 행동합니다. 익숙한 것을 편안하게 느끼며 살아가죠. 그래서 장애인을 만났는데 선뜻 다가가지 못한 자신을 자책할 필요는 전혀 없습니다. 이건 장애인이나 장애 자체를 혐오하는 문제와는 전혀 다른 이야기입니다.

장애인은 크게 신체적 장애인과 정신적 장애인으로 나뉩니다. 신체적 장애인은 다시 내부 장애인과 외부 장애인으로 나뉘죠. 지체장애인이나 시각장애인 같은 외부 신체적 장애인은 겉에서 장애가 드러나면서도 의사소통에는 큰 제한이 없기에 오히려 비장애인이 쉽게 다가가기도 합니다.

그런데 간장애인이나 신장장애인처럼 겉으로 장애가 잘 드러나지 않는 신체적 장애인은 많은 불편함을 감내하고 살아갑니다. 가령 신장 투석을 받고 집으로 돌아가는 전철 안에서 노약자석에 앉아 있던 30대 신장장애 남성이 70대 노인의 호통을 듣고 자리에서 일어나는 일이 생기기도 하는 것이죠.

정신적 장애인인 지적장애, 정신장애, 자폐성장애는 혐오 문제와 연결되기도 하고, 많은 차별에 노출됩니다. 의사소통이나 정서적인 교감이 제

한되는 경우에는 사람인데도 물건 취급을 당하기도 합니다. 이렇게 장애의 종류에 따라서 겪는 문제의 지점들이 조금씩 달라집니다.

그렇다면 장애인을 처음 만났을 때는 어떻게 다가가는 것이 좋을까요?

가장 중요한 것은 '**먼저 물어보기**'입니다. 도움을 준다는 명목으로 상대방이 숨 고를 틈도 없이 다가가는 것은 장애인을 당황하게 하거나 불쾌하게 합니다.

그리고 상대방이 도움을 청했다면 '**상대방 입장에서 말하고 행동해보기**'를 기억해야 합니다. 시각장애인에게 자리를 안내하면서 의자 옆에 서서 "다 왔으니까 앉으세요." 말하는 것과 손을 가져다가 의자 등판을 만져 보게 하면서 "이 의자에 앉으세요." 말하는 것은 큰 차이가 있습니다. 내가 이 장애인 당사자라면 어떤 말과 행동이 조금이라도 더 편할까 생각한다면 그리 어렵지 않습니다.

마지막으로 '**과유불급**'입니다. 상대방의 입장을 공감하는 것은 좋은 일이지만, 처음 보는 장애인에게 "쯧쯧 얼마나 힘들었누~." 하면서 혀를 끌끌 차는 태도는 모멸감을 줄 수 있죠. "몸은 불편해도 얼굴은 예쁘니까." 하는 말도 위로나 공감이 되기 어렵습니다. 조금 친해졌다고 과한 스킨십을 하거나 과도한 칭찬(가령 "정상인보다 더 잘하네!")을 하는 것도 조심해야 합니다. 나쁜 마음으로 하는 말과 행동은 아니어도 상대방 마음에는 오랜 시간 생채기가 날 수 있으니까요.

이것저것 어려운 것 같지만 사실 간단합니다. '내가 상대방이라면 어떨까?'를 명심한다면 조금 더 조심하게 됩니다. 장애인이 스스로 삶을 결정

할 수 있다는 것, 장애인이 불쌍해서 돕는 것이 아니라 같은 세상을 살아
가는 사람으로서 서로 의지하는 과정이라는 것을 기억하면 장애인과 상호
작용하는 것이 수월해질 수 있답니다.

2.
장애 여성의 당당한 도시살이

— ＜조제＞야, 그런 남자 필요 없다!

수정 씨는 휠체어로 생활하는 스물여덟 살의 서울 여자입니다. 태어난 곳도 서울이고 자란 곳도 서울입니다. 이 서울깍쟁이 아가씨는 가끔 네일샵에서 손톱 관리도 받고요, 속눈썹도 잘 붙입니다. 다양한 무늬의 꽃무늬 샤랄라 치마도 여러 개 가지고 있죠. 수정 씨는 한 번도 장애인 거주 시설에서 살아 보지 않았고 어릴 때부터 계속 나고 자란 동네에서 살고 있습니다. 저와는 장애인 인권 활동 투쟁 현장에서, 장애인 인권 교육 현장에서 오며 가며 얼굴을 자주 보다가 따로 연락하며 지내는 사이가 되었습니다. 그러던 어느 날 수정 씨에게 연락이 왔습니다.

"변호사님, 저 지난주에 지하철 타다가 죽을 뻔했어요."

"그게 무슨 말씀이세요, 수정 씨?"

"제 전동 휠체어 바퀴가 꽤 두꺼운 편이라 웬만해서는 안 그러는데요, 처음 가 본 서울 외곽 쪽 지하철역에서 전동차량 승강장 사이가 너무 심하게 벌어져 있었던 거예요. 그걸 모르고 별 생각 없이 휠체어로 들어가려다가 그만 바퀴가 그 사이에 껴서 계속 공회전만 하지 뭐예요."

"세상에! 그래서 어떻게 되었나요?"

"저 때문에 지하철 문은 계속 열렸다 닫혔다 하고, 방송 나오고 난리도 아니었어요. 안에 탄 사람들도 어머! 어머! 그러면서 어떻게 해야 할지도 모르고……. 이대로 지하철이 출발하면 꼼짝없이 죽겠구나 싶어 눈앞이 하얘지더라고요. 그 시간이 어떻게 지나갔는지도 모르겠어요."

다행히 지하철 직원들이 승강장으로 내려와서 휠체어를 힘껏 밀어 주었고, 겨우 휠체어가 지하철 안에 들어갈 수 있었다고 합니다. 사고라도 났다면 어쩔 뻔했는지! 정말 큰일날 뻔했습니다.

저도 사실 2014년에 사람들이 바글바글하는 출근길 지하철에서 환승하러 내리다가 사람들에게 떠밀려 전동차와 승강장 사이에 다리가 쑥 빠지면서 골반 뼈가 부러진 사건을 겪었습니다. 뼈가 부러지는 순간 눈앞에 별이 번쩍! 하는데 정말 그 아픔이란 말로 표현하기 힘들 정도였어요. 출산 때 아픔과 거의 비슷하더라고요. 5주를 꼬박 누워만 있어야 했던 그 사건은 지금도 다시는 생각하고 싶지 않은 일입니다. 수정 씨한테 비슷한 일이 생길 뻔했다니! 듣기만 해도 모골이 송연해지더군요.

그 일 이후에도 수정 씨는 거의 보름 동안이나 무서워서 지하철 외출을 못 했다고 합니다. 그래도 씩씩한 성품 덕분에 지금은 다시 그 휠체어에 날마다 가방을 달랑달랑 걸어서 장도 보고 공부도 하러 다닙니다.

혼자여도 괜찮아!

〈조제, 호랑이 그리고 물고기들〉이라는 영화가 있습니다. 일본 영화인데요, 주인공 조제는 이십 대 초반이고, 심드렁한 표정이 매력적인 여성입니다. 조제는 아주 어릴 때부터 보육원에서 자라다가 한 아이와 함께 보육원을 도망쳐 나왔습니다. 그런데 나올 때 휠체어를 챙겨 오지 못해 어려움을 겪습니다.

우여곡절 끝에 '괴팍하지만 사실은 마음이 따뜻한' 한 할머니와 함께 살게 되었습니다. 할머니는 휠체어가 없으면 살 수 없는 조제에게 요상한 이동 수단을 만들어 주었죠. 유모차도 아닌 것이, 쇼핑 카트도 아닌 것이, 휠체어도 아닌 것이, 바퀴가 달려 있는 큰 바구니 같은 그 뭔가를 타고 조제는 하루에 한 번 사람들이 제일 없는 시간에만 콧구멍에 바람을 쐴 수 있었습니다.

그런 조제를 사랑하게 된 이십 대 초반의 잘생기고, 인기 많고, 건강한 비장애인 남성 츠네오! 엉뚱하고 낙천적인 츠네오는 조제를 우연히 만나 사랑하게 됐고, 혼자 남겨진 조제의 곁을 지킵니다. 저는 이 사랑을 열렬히 지지하는 입장이었는데, 장애인과 비장애인의 감동적인 사랑 이야기라서가 아니라, 좀 엉뚱하지만 요리도 잘하고 생활력도 강하고 살벌한 유머 감각을 가지고 있는 한 여자와 제멋대로지만 마음이 따뜻하고 매력적인 눈웃음을 가지고 있는 한 남자가 꽤 잘 어울렸기 때문입니다.

그런데 츠네오는 저랑 생각이 좀 달랐나 봅니다. 함께 지내기 시작한 지 어느덧 1년이 좀 지난 어느 날, 츠네오는 조제를 자신의 부모님께 소개를 시킬지 말지 혼자서만 끙끙 고민하다가 남동

생에게 슬쩍 그 고민을 꺼내 놓습니다. 우리의 착한 남동생은 "장애인 애인이라니! 부모님이 감동하실 거야!"라며 형을 토닥이죠. 남자는 결국 부모님께 조제를 소개시키지 않기로 결정하고 차분히 이별을 준비합니다. 섬세하고 눈치 빠른 조제도 담백한 이별을 준비하죠.

이 영화를 본 다른 사람들은 별로 이야기하지 않는 장면인데, 저는 영화 끝부분에 나왔던 한 장면이 아주 선명하게 기억에 남더군요. 츠네오와 헤어진 뒤 조제는 평상시처럼 심드렁한 표정으로 시내를 활보합니다. 전동 휠체어를 타고 말이죠! 제법 능숙하게 속도를 내며 앞으로 나아가는 조제의 휠체어에는 온갖 채소며 먹을거리가 담긴 귀여운 에코백이 달랑달랑 걸려 있습니다. 훌륭한 요리사인 조제는 오늘도 스스로를 위해 정갈한 밥상을 정성스레 차려먹겠지요!

다시 솔로가 된 조제의 앞날을 응원하며 '조제야! 그런 남자 한 트럭 갖다 줘도 필요 없다!' 외치고 싶었습니다. 자기가 사랑하는 사람, 그 사람과 더불어 한 번뿐인 인생, 어떻게 재미있게 살아갈까 생각하기보다는, 내 파트너의 장애 때문에 내 인생이 힘들어질 거라는 막연한 두려움에 도망치는 쫄보는 필요 없다고 말이죠. 오히려 조제가 그런 남자에 아랑곳하지 않고 하루하루를 다채롭게 채워 나가길 두 손 모아 빌었지요.

혼자 사는 장애인에게 필요한 것들

2017년 봄, 대전에서 '장애인 권리 옹호 제도'에 대한 세미나가 있었습니다. 그곳에서 저도 주제 발제를 했습니다. 발제와 토론을 마치고 세미나를 들으러 오신 분들과 소통하는 의미로 질의 응답 시간을 가졌는데요, 전동 휠체어에 앉아 있던 뇌병변 장애 남성분이 손을 들었습니다.

"말씀 잘 들었습니다. 오늘 이 자리와는 상관없는 이야기이긴 하지만 요즘 제 고민 중에 가장 큰 고민은 바로 장애인인 제가 연애도 하고 결혼도 할 수 있을까 하는 것입니다. 그런 문제에도 우리 사회가 좀 신경을 썼으면 좋겠습니다."

예상치 못한 의견이었기에 막상 당황했지만, 집으로 돌아오는 길에 곰곰이 생각해 보았습니다. 우리 사회가 얼마나 장애인을 무성無性적 존재로 보는지, 생각해 보니 그분의 고민이 이해가 안 되는 것도 아니었습니다. 사람들의 편견은 또 얼마나 심했을까요? 오죽했으면 그렇게 사람이 많은 자리에서 용기를 내어 그런 말을 했을까 생각하니 참으로 마음이 아팠습니다.

그 남자분을 비롯해 장애를 가진 여성인 수정 씨가 우리나라에서 혼자 살려면 어떤 것이 가장 필요할까요? 사실 이런 질문은 좀 이상합니다. 장애인이라서가 아니라 사람이라면 누구나 안전하고 편안하게 살기 위하여 필요한 기본적인 것들이 있으니까요. 안정

감을 느낄 수 있는 공간으로서의 집, 먹고살 수 있는 최소한의 생활비, 삶을 재미있게 채울 수 있는 여러 관계들(사람들, 공동체, 소속감, 자기 계발 등)이 필요하죠.

이러한 최소한의 필요를 위해 '복지'라는 이름으로 다양한 지원이 마련되어 있기도 합니다. 특별 주택이나 공공 임대 아파트에 사는 장애인도 많고요, '국민 기초생활 수급법'에 따라서 매달 최소한의 생계 유지를 할 수 있는 수급비를 받거나 '장애인 연금법'에 따라서 달마다 장애인 연금을 받는 장애인도 있죠. 그리고 집 가까이에 있는 여러 종류의 복지관이나 주민 센터에서는 장애인을 위한 프로그램을 운영하여, 이용하는 장애인들이 자기 계발도 하고 소속감도 가지고 친구들도 사귈 수 있도록 하고 있습니다. 시설이 아닌 집에 살고 있는 장애인 중 중증인 분들은 나라에서 '장애인 활동지원사'를 집에 보내 주어 여러 가지 서비스를 제공받기도 합니다.

얼핏 들으니 우리나라가 장애인 복지 천국인 것 같은 생각마저 드네요! 그럼, 여기서 혼자 사는 도시 여성 수정 씨의 이야기를 좀 더 들어 볼까요?

수정 씨는 매달 수급비 80만 원 정도를 받아 살고 있습니다. 그 돈으로 월세도 내고 관리비도 내고 공과금도 내고 장도 보고 살아갑니다. 취직을 못 하고 있는 수정 씨는 낮 시간에는 휠체어를 타고 인근 주민 센터로 가서 네일 아트와 회계 프로그램을 배웁니다. 수정 씨는 일주일에 두 번 '활동지원사 선생님'이 집으로 오십니다. 그때 손이 닿지 않거나 몸이 불편해서 해결할 수 없었던 여러 가지 일을 활동지원사 선생님의 도움을 받아 해결하죠. 좋은 분이라 서로 안부도 묻고, 재미있었던 일을 수다 떨기도 하고, 맛있는 것이 생기면 남겨 두었다가 나눠 먹기도 한답니다.

그리고 수정 씨는 운 좋게도 「서울주택도시공사」를 통해서 공급된 장애인 특별 공급 주택에 살고 있습니다. 그것도 아파트에서요! 실 평수는 열 평이 채 되지 않는데다, 벽이 혹시 종잇장이 아닐까 하는 생각이 들 정도로 옆집에 방귀 소리까지 다 전달되는 소음 덩어리 집이긴 하지만 말입니다. 손재주가 있고 아기자기한 것을 좋아하는 수정 씨가 얼마나 집을 예쁘게 꾸며 놓았을까 기대하면서 찾아갔을 때 일입니다. 수정 씨가 사는 동으로 들어가는 문이 따로 나 있는 겁니다. 나머지 동과는 등을 지고 있어서 서로 만날 일도 없어 보이는데도 그랬습니다. 게다가 수정 씨가 사는 동을 나와서 나머지 동들이 있는 쪽으로 가려면 아파트 단지 내에 있는 길이 아니라 큰 길을 빙 둘러서 걸어가야 했습니다. 수정 씨가 사는 동에 사는 아이들은 나머지 동들이 있는 쪽의 좋은 놀이터에 가서 마음껏 놀기도 힘들다고 했습니다.

어떻게 된 일이냐 물어 보니 수정 씨 대답이 압권입니다.

"저희들은 '래거'니까요."

"네? 레고요?"

"아니요, 변호사님. '래거'요. '래미안 거지'의 줄임말이에요. 흐흐흐."

순간 머리가 멍~했습니다. 제 감정이 고스란히 얼굴에 드러났는지 수정 씨가 말합니다.

"너무 화내실 필요 없어요, 변호사님. 그래도 사람들은 장애인이라서 나라에서 돈도 받고, 장애인이라서 집도 나오고, 장애인이라서 일 안 하고도 편하게 놀고먹으면서 산다고, 저희한테 돈 주려고 비장애인들이 얼마나 힘들게 일하고 있는지 고마워하라고, 그런 이야기 많이 해요."

저도 생각해 보니 비슷한 경험이 있었습니다. 눈에 장애가 있어서 저도 장애인으로 등록되어 있는데요, 장애인은 공용 주차장에서는 주차 요금을 할인받기도 하지요. 주차장에서 나오다가 제가 복지 카드를 내밀고 할인을 받으니 옆에 있던 지인이 그러는 겁니다.

"와~ 부럽다!"

순간 어떻게 반응해야 할지 몰랐습니다. '뭐지? 이 찝찝한 기분은?' 그래서 말했습니다.

"하하, 저는 이 주차 요금 열 배를 내도 상관없으니 양쪽 눈으로 다 볼 수 있으면 좋겠네요!"

아차! 싶었던지 서둘러 사과를 하기는 했지만, '아~ 장애인에게 제공되는 복지를 비장애인이 이렇게 바라보기가 참 쉽겠구나.' 하는 씁쓸함은 지울 수 없었습니다.

똑똑하고 지혜로운 수정 씨는 일주일 전 지하철에 바퀴가 빠지고 나서 이동할 때 한 가지 숙제가 늘었습니다. 장애인 친구들에게 연락해서 서울시 안에 있는 역사 중 전동차와 승강장 사이가 넓기로 유명한 역의 블랙리스트를 만든 것이죠. 그리고 혹시 이동하면서 그 역을 꼭 이용해야 한다면 미리 휠체어 안전 발판을 역사무소에 신청하려고 마음먹고 있습니다. 주변 사람들의 신기하다는 눈빛을 또 감내해야겠지만 괜찮습니다. 안전한 게 더 중요하다나요.

우리나라의 수많은 '조제'와 '수정 씨'에게 저는 오늘도 응원을 보냅니다. 혼자여도 괜찮지만 둘이 불편 없이 사랑할 수 있는 제도가 더 잘 만들어질 수 있도록, 알아서 먼저 사랑을 접고 사랑하는 마음을 가질 권리조차 누릴 수 없는 장애인들이 맘껏 사랑할 수 있도록 돕기 위해 노력 중입니다.

그나저나 수정 씨, 전동차 휠체어 안전 발판 쓰는 데는 불편함이 없었나요? 잊기 전에 전화해 보아야겠습니다.

3.
아프면 집에 가만 있으란 말이
제일 싫어

— 하고 많은 이름 중에 하필이면 〈애자〉

야구나 보러 나왔다가

올해 쉰을 바라보는 복남 씨에게는 이제 고등학생인 딸이 하나 있습니다. 야구를 엄청 사랑하는 딸의 이름은 은지랍니다. 은지는 네 살 때 소아마비를 앓았고, 다리가 불편해져서 수동 휠체어를 사용하고 있는데요, 누가 밀어 주지 않아도 스스로 휠체어를 잘 다룰 수 있답니다.

날씨가 무척이나 좋았던 어느 봄날의 토요일, 중간고사도 끝났 겠다 은지는 아빠 복남 씨와 야구 경기를 보러 가고 싶었어요. 딸을 위해 주말 야구 경기 표를 구해 온 건 물론 복남 씨였지요.

드디어 야구장으로 출발! 은지는 조수석에 앉고, 은지의 수동 휠체어는 접어서 뒷자리에 실었습니다. 길 막힐까 걱정되어 서두른다고 서둘렀는데, 아, 오늘도 변함없이 장애인 주차 구역에는 비장애인 차들이 빼곡하게 들어차 있습니다. 주차할 곳을 찾아 차를 빙빙 돌리던 복남 씨, 주차 관리봉을 들고 있는 사람을 발견하고는 창문을 내렸습니다.

"수고 많으십니다. 저희 딸이 휠체어를 타는데, 장애인 주차 구역에 차를 대야 어렵지 않게 경기장에 들어갈 수 있는데요. 그런데 장애인 차량 스티커도 없는 차가 잔뜩 서 있어요."

주차 관리원은 별일 아니라는 듯이 "오늘처럼 경기가 있는 날은 사람들이 워낙 많이들 와서요. 먼저 대고 들어가 버리면 저희도 방법이 없어요. 그냥 다른 데 찾아보세요.”

경기 있는 날 사람이 많은 건 당연한 일 아닌가요? 그런 날 대책을 세우지 않고 하나마나한 소리를 들으니 슬슬 복남 씨도 화가 납니다. 그래도 일단은 경기를 보는 게 급했습니다. 곧 있으면 경기가 시작될 것 같아 일단 빈자리부터 찾기로 합니다.

주차장 안을 몇 바퀴나 돌아보아도 빈자리는 보이지 않습니다. 오히려 차들이 꾸역꾸역 더 밀려들어옵니다. 할 수 없네요. 가까운 공영 주차장에라도 얼른 차를 세워야겠다고 마음먹고 운전대를 돌렸습니다.

표지판에는 공영 주차장이 가깝다고 써 있었는데, 막상 운전해 가 보니 꽤 멉니다. 차로 5분 거리, 은지가 수동 휠체어를 타고 경기를 보러 돌아오려면 힘이 들 것 같습니다. 게다가 어렵게 찾아간 공영 주차장에도 자리가 넉넉지 않습니다. 어디에서 단체 관광이라도 왔는지, 전세 버스들이 그득합니다. 차 댈 곳을 찾기가 어렵기는 경기장 주차장이나 매한가지네요.

은지는 연신 시계를 쳐다보며 초조해합니다. 어느새 경기 시작 시간이 훌쩍 지나 버렸습니다. 그때 마침, 저기 맨 끝 장애인 주차 구역에 빈자리가 보였습니다. 복남 씨는 이것저것 잴 것 없이 얼른 그 자리에 차를 댔습니다. 카레이서 뺨치는 솜씨입니다. 그런데 저쪽에서 복남 씨 차를 향해 달려오는 사람이 있네요. 누군가 보니 공영 주차장 주차 요원입니다. 당장 쫓아낼 듯이 달려오던 주차 요원은 복남 씨가 뒷자리에서 휠체어를 내리는 걸 보고는 표정이 일그러집니다.

"지금 여기 버스들 들어올 건데 다른 데 대세요!"

"장애인이 장애인 주차 구역에 차를 대는데, 왜 그러시는 겁니까? 저흰 요 앞 경기장에 야구 보러 왔어요."

"아이 씨……. 아프면 집에 가만히나 있지, 왜 나와서 돌아다니고 그래요!"

주차 요원의 갑작스런 짜증에 복남 씨는 순간 숨이 덜컥했습니다. 운전석 옆자리에 앉아 있는 은지가 그 짜증을 고스란히 겪어 내고 있었기 때문입니다.

단단히 화가 난 복남 씨가 그 일주일 뒤에 저를 찾아왔습니다.

"우리 은지가 평소 참 씩씩한 편인데, 그날 그런 일을 겪고 얼마나 울던지……. 집에 와서 죽고 싶다고 이야기하더라고요. 그 경기장이나 그 주차장이나 모두 원망스럽습니다. 이 사람들 좀 정신 차리게 해 줄 법적인 방법이 없을까요?"

분노 게이지 충전! 법령 레이더망을 총동원해 봅니다. 그렇지만 안타깝게도 우리나라의 법은 장애인 주차 구역에 주차한 비장애인에게 과태료 내라는 규제만 있을 뿐입니다. 장애인 주차 구역의 관리자를 처벌하는 일은 현행법상 불가능했던 것이죠. 누군가에게 따지려고 해도 대부분의 주차장이 민간 위탁 형태로 운영되기에, 위탁자도 수탁자도 서로 책임 떠넘기기에 바쁩니다. 따지려고 갔다가 입에 고구마 백 개쯤 물고 와야 하죠.

형사적으로나 행정적으로 책임을 묻기가 어려우면 결국 민사상 위자료를 청구하는 방법뿐입니다. 그런데 이게 사실 승소하기가 몹시 어렵습니다. 혹시 아주 작은 금액을 승소하더라도 어마어마한 인내와 감정 소모를 견뎌내야 하는 싸움이라 별로 추천해 드릴 만한 게 못 됩니다. 변호사랍시고 모든 문제를 법으로만 해결하려고 하다가 당사자에게 평생 안고 갈 큰 상처를 안겨 줄 수도 있으니까요.

"아버님, 많이 힘드셨을 텐데 이야기 나눠 주시고 알려 주셔서 고맙습니다. 이 사안은 법적으로 해결하려다기보다는 계속 경기장과 주차장에 민원을 넣고 언론에 알려 비슷한 사안이 다시 생기지 않도록 해 보면 어떨까요?"

다행히 복남 씨도 제 의견에 동의해 주었고, 그 과정에서 주차장 측의 진심 어린 사과도 받았습니다. 지금 그 경기장은 비장애인이 장애인 주차 구역에 주차하는 것을 엄격하게 단속하고 있다고 합니다. 다행이죠.

그런데 그 한마디 말, "아프면 집에 가만히나 있지" 하는 말에 대해서는 어떻게 해야 할지 모르겠습니다. 생각할수록 마음이 좋지 않습니다. 왜 장애인은 '아픈' 존재여야 할까요?

하필이면 '애자'라니

언젠가 한 고등학교 옆을 지나갈 때였습니다. 학교 담벼락 밑에 남학생 서너 명이 어깨를 나란히 하고 걸어가는 중이었지요. 보기만 해도 흐뭇한 장면이었습니다. 아이들은 뭐가 그렇게 웃긴지 꺽꺽대고 웃으면서 즐거워 보였습니다. 그런데 그중 한 학생이 친구에게 이러는 겁니다.

"어이구, 이 애자 새끼!!"

순간 또 깜짝 놀랍니다.

배우 최강희 님과 김영애 님이 함께 출연한 영화 중에 〈애자〉라는 영화가 있습니다. 극장에 혼자 가서 울다가 웃다가 돌아온 영화였는데요. 사는 게 뭔지, 죽는 게 뭔지, 죽음을 향해 나아가는 삶에 대해 참 많은 생각을 하게 해 주는 좋은 영화였지요. 그런데 제목이 영 거슬렸습니다. 하필이면 '애자'라니요.

1981년에 장애인 관련 법률 중 제일 먼저 생긴 법이 하나 있었는데, 그 법의 이름은 '심신장애자복지법'이었습니다. 그래서 그즈음부터 우리나라에서 장애인은 '장애자'라고 불렸습니다. 법률로 정해진 용어였죠. 그러다 1989년에 '심신장애자복지법'이 '장애인복지법'이라는 법률로 바뀌었습니다. '장애자'라는 용어보다 더 중립적이고, 인격을 더 존중한다는 취지의 '장애인'이라는 용

어를 법으로 정한 것이죠. 그렇게 법이 바뀐 지가 꽤 오래된 지금에도 사람을 놀리거나 비하할 때 '장애자'라는 말을 줄인 '애자'라는 말을 쓰는 사람들이 있기도 한 것입니다.

다른 사람들은 그냥 넘어갔을지 모르지만, 저한테는 주인공 이름이 '애자'인 것이 영 개운치 않았습니다. 사회에 잘 적응하지 못하는 주인공을 표현하기 위해 일부러 가져다 쓴 이름인 것 같았거든요. 친근하고 흔한 이름이어서 선택한 게 아니라, 모자라고 부족한 주인공을 한눈에 드러내기 위해 선택한 이름인 것만 같았습니다.

이쯤에서 장애인을 부르는 호칭에 대해 잠깐 이야기해 보겠습니다. 제가 사람들에게 이렇게 물을 때가 있습니다.

"장애가 있는 사람을 부를 때, 뭐라고 부르시나요?"

의외로 많은 사람들이 '뭐 그런 곤란한 질문을 하세요?' 하는 표정을 보이고는 합니다. 그래도 많은 분들이 "장애인이라고 칭하는 게 맞지 않나요?" 하고 제대로 이야기해 주십니다.

"장애우라고 불러야 하지 않나요?"

자신 있게 대답하는 분들을 가끔 봅니다. 그게 더 존중하고, 더 예를 갖춰 부르는 거라고 생각하시는 거지요. 하지만 정작 장애인들은 '장애우'라는 표현이 불편할 때가 많다고 합니다. 장애우의 '우'는 한자로 '벗 우友' 자입니다. "내 '친구' 장애인"이라는 뜻으로 읽혀서 장애인을 '타자他者화'하는 호칭이라는 비판이 있습니다. 또 연세가 좀 있는 장애인 가운데는 "내가 왜 네 친구야?" 하고 역정을 내시는 분들도 있고요.

그래도 대부분은 장애인의 반대말이 '비장애인'이라는 것도 알고 있고, 인권 감수성이 빼어난 분들도 꽤 있습니다. 그런데 이야기가 좀 더 진행되면 불편한 말이 나오기 시작합니다.

"아픈 사람이니까 잘 대해 줘야죠!"

"와, 진짜요? 저는 정상인인 줄 알았어요! 겉으로 보기에는 진짜 정상인 같던데요?"

나쁜 마음으로 하는 말이 아니라 평소 말하던 관성이 무심코 툭툭 표현되는 겁니다. 이쯤 되면 듣는 장애인 기분이 슬슬 나빠집니다.

'쳇, 나도 정상인이라고요!'

꼭 애자, 정신병자, 병신……, 이런 장애인 비하 표현을 쓰지 않더라도 우리 주변에서는 무심코 장애인이 '아픈 사람'이라는 생각, 장애인은 스스로 장애를 '극복'해야 더 멋있어진다는 생각, 그리고 장애인은 '비정상'이라는 생각이 입으로 술술 흘러나올 때가 있습니다.

그냥 똑같은 사람

살면서 "한쪽 눈이 아픈데 어떻게 공부하셨어요?" 하는 질문을 참 많이도 받았습니다. "장애를 '극복'하고 사법시험에 합격한 '시각장애인' 변호사"로 신문에 실리기도 했습니다.

왜 장애인은 '아프니까 도와줘야 하는' 존재로 취급될까요? 장애 당사자인 제가 보기에, 장애는 아픈 것도 아니고, 극복해야 할 대상도 아닙니다.

몇 해 전 겨울, 한 장애 여성 단체 행사에 아이들과 함께 참여한 적이 있습니다. 중증 뇌병변 장애를 가진 여성분이 힘차게 노래를 불러 주셨는데, 참 감동적이었습니다. 평소 집에서 가족이 자주 부르던 노래였기에 당시 네 살이던 첫째 아이도 소리 내어 그 노래를 따라 불렀습니다. 집으로 돌아오는 길, 불현듯 그 장면이 생각났는지 아이가 물어봅니다.

"엄마, 아까 그 노래 부르던 언니는 몸이 아픈 거야? 왠지 슬픈 마음이 들었어."

"그랬구나~. 그런데 그 언니는 아픈 것이 아니란다. 그 언니에게는 그게 자연스러운 모습이야. 우리가 함께하는 것이 중요해~."

"히히, 그렇구나. 재미있었어요, 엄마."

신나서 앞장서 걷는 아이의 뒷모습을 보면서 마음 한 켠이 참 따뜻해졌습니다.

장애를 '극복'해서가 아니라, 장애가 이미 '자연스러워져서' 편안하게 아이와 함께하는 저녁을 누릴 수 있었던 그날. 다른 사람들도 장애를 그렇게 자연스럽고 편안하게 대해 주면 참 좋겠다 싶었습니다.

4.
먹여 주고 재워 줬으니
감지덕지라니요?

― 우리 주변에 살고 있는 < 맨발의 기봉이 > 들

오랜만에 친정집에 갔습니다. 아이들은 외갓집을 참 좋아합니다. 뭘 해도 다 예쁘다 해 주시는 할머니 할아버지가 계시고, 특히나! 외갓집에는 집에 없는 텔레비전이 있기 때문이죠. 만화 프로그램을 찾아 채널을 올리다가 영화 채널에서 배우 신현준이 주연한 〈맨발의 기봉이〉를 보게 되었습니다. 기봉이는 네 살 때 온몸이 열로 펄펄 끓었고, 여덟 살 지능으로 평생 살아온 사십대 지적장애인입니다.

아직 유치원생인 제 큰아이는 몸집이 큰 아저씨가 자기와 비슷하게 말하고 행동하는 모습이 신기한지 연신 화면을 쳐다봅니다. 그리고 제게 이렇게 말합니다.

"엄마~, 저 아저씨 친구는 아가야? 어른이야?"

이 질문에 참 여러 가지 생각이 들었습니다.

"그, 글쎄……. 조금 더 지켜볼까?"

그렇게 대충 얼버무렸습니다. 그런데 영화 속 기봉이는 억척스럽게 일도 잘 합니다. 가축 농장에서 소똥도 치우고, 슈퍼에서 무거운 빈 병을 나르기도 합니다. 더운 비닐하우스 안에서 땀 뻘뻘 흘리며 농약을 치익치익 뿌리고, 마을 사람들이 시키는 동네 온갖 허드렛일도 허허허 웃으면서 합니다.

이 장면을 보며 제게도 생각나는 사람이 있었습니다.

뭘 믿고 그리 당당하신가?

"변호사님! 어머니께 잘해 드리려고 돈 모은 건데……. 이제 아픈 어머니께 아무것도 해 드릴 수가 없어요."

강민수 씨는 한 장애인 단체를 통해 만나게 되었습니다. 저를 처음 만난 자리에서 모든 것을 체념한 목소리로 입을 떼었습니다. 민수 씨는 날 때부터 지적장애가 있었습니다. 글씨도 모르고 숫자도 열까지 겨우겨우 세곤 했습니다. 그래도 민수 씨는 힘이 세고, 지루한 일도 꾀부리지 않고 잘해서 집 근처 공장에 잘 다니고 있었다고 합니다.

"분명히 돈을 모았다가 다시 돌려 준다고 했거든요. 매달 사장님이 월급 주면 그 돈을 신문지에 싸서 줬는데, 제 돈이 하나도 없다는 거예요. 엄마 병원에 가야 되는데 환장하겠어요. 다시 그 돈 받게 해 주실 수 있나요?"

홀어머니와 착실하게 살고 있던 강민수 씨에게 이런 문제가 생긴 것은 김애리 씨가 이웃으로 이사를 오면서부터였습니다. 김애리 씨는 강민수 씨보다 열다섯 살 정도 많은 이웃이었는데, 동네 시끄럽게 싸움도 자주 하고 목소리도 컸다고 합니다. 그래도 유독 민수 씨에게는 상냥하게 대해 주었기에, 민수 씨는 그런 괄괄한 성격의 애리 씨가 오히려 든든하게 느껴졌다고 했습니다.

"어머니한테 반찬이랑 내복이랑 자꾸 사다 주더라고요. 저 좋아

하는 통닭도 사 주고요. 그래서 어머니가 제 월급 잘 모아서 장가라도 보내 달라고 부탁을 했어요. 그래서 저도 그걸 믿고 매달 사장님이 월급을 주면 그대로 갖다 준 거라고요."

민수 씨는 사실 '국민기초생활수급법'상 '수급자'였기 때문에 공장에 다니는 것을 비밀로 해야 했습니다. 그래야 지원을 계속 받을 수 있으니까요. 나라에서 나오는 돈으로는 어머니 간병비 하기에도 부족했기에 일을 할 수밖에 없었습니다. 민수 씨는 이런 이유로 매달 공장에서 월급을 현금으로 받았습니다. 민수 씨는 어머니 말씀대로 한 달에 백만 원이 조금 넘는 월급에 장애 연금, 수급비까지 한꺼번에 애리 씨에게 3년이 넘도록 꼬박꼬박 가져다주었다고 합니다.

민수 씨는 현금으로 물건을 사는 것은 할 수 있었지만, 계산이나 은행 거래, 현금 지급기 사용은 어려워했습니다. 처음에는 애리 씨도 그런 일들을 적극적으로 도와주며 민수 씨의 돈을 살뜰하게 관리하는 것처럼 보였다 합니다. 그러다가 어머니가 고관절 수술을 받게 되어 돈이 많이 필요해졌습니다. 그래서 민수 씨는 애리 씨에게 그동안 갖다 준 돈을 돌려달라고 하게 됐지요.

그런데 애리 씨는 "무슨 헛소리를 하는 거냐?"며 면박만 주었다고 합니다. 빈손으로 돌아온 강민수 씨는 속이 까맣게 탔습니다. 겨우 용기를 내 공장 동료에게 이야기했고, 그 동료분이 여기저기 수소문하다가 저에게까지 연결이 된 것입니다.

그 동료분은 민수 씨와 함께 애리 씨를 찾아가기도 했습니다. 가서 민수 씨한테 현금 받으면 넣어 두던 통장을 달라고 했대요. 애리 씨는 처음에는 그런 통장 없다고 하더니, 나중에는 마지못해 내주었다지요. 그분과 민수 씨는 통장을 받자마자 은행에 가서 잔고를 확인했는데, 돈이 한 푼도 없더랍니다.

김애리 씨는 그때까지도 민수 씨가 받은 월급을 자기한테 건넨 적이 없다고 하는 상태였습니다. 수급자인 강민수 씨가 몰래 일을 했다는 약점을 빌미로 그러는 것이었지요. 나라에서 주는 돈도 자신이 법적으로 관리할 권한이 있어서 관리한 것이고 그 돈도 전부 민수 씨 모자의 반찬 값, 공과금 등으로 처리해 주었다는 것입니다.

"저는 나라에서 지정된 강민수 씨의 수급비 관리자거든요. 얼마 되지도 않는 돈 받아다가 저 두 사람 먹이고 입히느라 그 돈 다 썼어요. 법적으로는 아무 문제가 없어요. 여기 서류들이 다 증명해 주고 있다고요."

'국민기초생활수급법'상 무연고자, 또는 가족이 있어도 그 가족이 장애나 노령으로 수급비를 관리할 수 없는 상황이라면 아주 예외적으로 이웃이 수급비를 대신 관리할 수도 있게 되어 있습니다. 대신 그 관리자는 1년에 몇 번 영수증을 정리해서 담당 공무원에게 제출해야 할 의무가 있습니다.

김애리 씨가 건네 준 서류 뭉치에는 주민 센터에 제출한 영수증 뭉텅이가 들어 있었습니다. 영수증을 자세히 보니 민수 씨가 가

본 적도 없는 곳의 이용료, 먹어 본 적도 없는 음식점 영수증까지 들어 있었습니다. 게다가 몇 달 전에는 특별한 수입도 없는 김애리 씨가 최신 SUV 차량까지 샀더군요.

"거참 이상하군요. 강민수 씨가 네일 아트를 이렇게 자주 받는 사람이었나요? 이걸 이렇게 정리해서 내도 담당 공무원이 아무것도 물어보지 않았다는 건가요?"

이런 질문을 처음 받아 봤는지 당황한 애리 씨는 오히려 목소리를 높이며 "저분들 기호가 얼마나 까다로운지 아세요?, 장애인 봉양하는 데 돈이 한두 푼 드는 것이 아니에요, 먹여 주고 재워 주는 것도 큰일이라고요." 이런 푸념을 늘어놓기 시작했습니다.

이렇게 장애인을 경제적으로 착취하는 사건에는 공통점이 있습니다. 가해자들이 지나친 합리화의 긴긴 터널을 빠져나와, 아주 당당하고 죄책감이 없다는 것이죠. 먹여 주고 재워 주는 것도 힘든데 이런 것을 보고 착취라니, 받아들일 수 없다고 반발합니다. 너무 오랫동안 스스로를 합리화하고 자기 자신까지 속여 온 결과입니다.

"네, 좋습니다. 그렇게 법적으로 떳떳하시다면 법적으로 해야죠. 더 이상 강민수 씨한테 접근하지 마세요. 분명히 말씀드렸습니다."

민수 씨와 상담한 뒤 애리 씨를 형사 고소하기로 했습니다. 그런데 막상 어떤 죄로 고소를 해야 할지 고민이 되었습니다. 횡령

죄로 고소하려면 민수 씨가 애리 씨에게 돈을 맡겼다는 증거가 확실해야 하고, 맡긴 돈을 꺼내 쓴 날짜와 어디에 쓴 것인지가 일목요연하게 정리되어 있어야 합니다. 그러나 민수 씨 경우처럼 장기간에 걸쳐 일상적으로 남의 돈을 쓴 경우에는 그렇게 정리하는 것이 거의 불가능합니다.

그래서 준사기죄로 고소장을 썼습니다. 형법 제348조는 준사기죄에 대하여 이렇게 적어 놓고 있습니다.

"미성년자의 지려 천박, 또는 사람의 심신 장애를 이용하여 재물의 교부를 받거나 재산상의 이익을 취득하는 행위"

'지려 천박'이란 말이 낯설으시지요? 지적 능력이 떨어지는 것을 일컫는 법률 용어입니다. 네, 저도 더 쉬운 용어들로 법이 사람들 가까이 다가갔으면 좋겠습니다.

아무튼, 그렇게 애리 씨를 고소했습니다.

"어떤 나쁜 일이든 핑계와 변명은 있죠. 하지만 법에 위반되는 일을 했다면 핑계나 변명과는 상관없이 벌을 받아야 합니다. 꼭 그 돈 돌려받을 수 있도록 도와드리겠습니다."

민수 씨에게 그렇게 약속했습니다. 경찰 조사에서 김애리 씨는 "월급은 구경도 못 했다", "수급비도 꼭 필요한 곳에만 썼다"고 거짓말을 했습니다. 심지어 나중에는 강민수 씨가 장애인인 것도 몰랐다고 했다 합니다.

네일 아트 종업원의 진술서, 월급을 갖다 주는 것을 봤다는 사람의 진술서를 받아 내 제출했습니다. 그런데도 애리 씨는 계속 부인했습니다. 동네 사람들도 남의 일이지만 하도 애리 씨가 괘씸해서 열심히 보고 들은 것을 진술해 주었습니다.

김애리 씨 사건은 2개월의 수사 기간을 거쳐 재판에 넘어갔습니다. 그 6개월 뒤 1심 재판이 열렸지요. 끝까지 당당한 얼굴로 법정에 들어간 김애리 씨는 법정 구속되어 구치소로 가게 되었습니다. 구속되면서도 자기는 잘못한 게 없다고 무섭게 노려보던 눈빛이 아직도 선합니다. 이렇게 형사 처벌을 받은 것을 근거로 민사상 손해배상도 청구했습니다. 전부 다 돌려받지는 못했지만 결국 이 일로 김애리 씨는 확실히 빈털터리가 되었지요.

우리 주변에 살고 있는 기봉이들

영화 〈맨발의 기봉이〉에서 기봉이는 엄마의 병원비를 위하여 마라톤에 출전하기로 합니다. 성실하게 일하던 자세 그대로, 마라톤 연습에도 굉장히 열심이었지요. 기봉이가 연습 때문에 동네 허드렛일을 도와주지 못하자 마을 사람들은 짜증을 내고 불평을 합니다.

많은 장애인을 만나다 보니, 영화 밖에 있는 수많은 기봉이들을 보아 왔습니다. 힘들어도 웃으면서 일하고, 하지 않아도 될 일을 묵묵히 해내는 기봉이들 말입니다.

학교도 못 가고 아파트 상가의 이 가게 저 가게 사람들이 시키는 일을, 시키면 시키는 대로 모두 하고 있던 십 대 지적장애아, 재활 훈련을 명목으로 산골 시설 속에 갇혀서 하기도 싫은 농사일에 주방 일까지 해야 했던 지적장애인 청년, 내로라하는 부잣집 동네 고래등 같은 지붕 아래 '식모방'에서 집안 사람들 온갖 심부름 다 하던 지적장애인 아주머니…….

눈여겨보지 않으면 그이들의 삶은 오늘도 그대로일지 모릅니다. 약한 이들에 기생해 사는, 마음이 비뚤어진 이들의 악행이 바로 내 옆에서 벌어지고 있지는 않은지 조금만 신경을 써서 살펴보면 좋겠습니다.

재판받는 발달장애인

~~~~~~

　장애인이 수사를 받고 형사 재판을 받는 경우가 참 많습니다. 장애인도 범죄를 저지를 수 있습니다. 장애인이라도 죄를 저질렀다면 당연히 그에 맞는 처벌을 받아야겠죠. 모든 인간은 법 앞에 평등하니까요.

　2014년에 가슴이 찢어지는 사건이 있었습니다. 세계 장애인의 날이었는데요, 부산의 한 종합 복지관 건물 3층에서 거구의 중증 발달장애인이 두 살짜리 아기를 던져 아기가 사망했던 사건이 있었습니다. 이 사건으로 살인죄로 구속되어 재판을 받은 18세(사건 당시) 발달장애인은 1심에서 "사물을 변별할 능력이나 의사를 결정할 능력이 없는 상태(심신상실 상태)에서 범행이 이뤄졌다."며 무죄를 선고받았습니다. 또 "치료 감호의 필요성이 있거나 재범 위험성이 있다고 단정할 수 없다."며 치료 감호도 필요 없다는 판단을 받았죠.

　그런데 2심 재판부는 "심신상실 상태가 인정돼 무죄가 인정된다."면서도 "장래에 다시 심신장애 상태에서 범행을 저지를 개연성이 상당하고, 치료 감호 시설에서 치료 받아야 할 필요성도 있다."며 치료 감호를 명령했습니다. 심신상실자는 책임 능력이 없어 형벌은 받지 않지만 치료 감호 등 보안 처분은 가능하기 때문입니다. 결국 대법원은 2심의 판단이 옳다고 보고, 치료 감호를 명령한 원심(2심)을 확정했지요.

이 사건이 사전에 충분히 막을 수 있는 인재人災였다고 보는 주장도 많았습니다. 아이를 던진 발달장애인 곁에 활동지원사가 있기는 했지만, 다른 장애인을 이중으로 활동 지원하고 있었기 때문에 이 발달장애인은 사실상 방치되어 있는 상황이었습니다. 복지관 난간 시설도 기본적인 안전장치조차 없이 너무나 허술했고요. 이런 여러 가지 상황이 겹쳐서 일어나서는 안 될 끔찍하고 가슴 아픈 일이 일어났고, 결국 그 재판은 무죄 판결로 확정되었습니다.

재판을 받는 장애인을 바라보는 시선은 참 다양합니다. 죄를 지었으니 마땅히 벌을 받아야 한다는 입장도 있고, 그래도 장애인인데 사회가 감당하고 품는 차원에서 죄를 경감하는 것이 맞지 않겠냐는 입장도 있습니다. 그러면 실제로 법은 어떻게 규정되어 있을까요?

형법 제10조(심신장애인)

① 심신장애로 인하여 사물을 변별할 능력이 없거나 의사를 결정할 능력이 없는 자의 행위는 벌하지 아니한다.

② 심신장애로 인하여 전항의 능력이 미약한 자의 행위는 형을 감경한다.

③ 위험의 발생을 예견하고 자의로 심신장애를 야기한 자의 행위에는 전2항의 규정을 적용하지 아니한다.

형법 제11조(농아자)

농아자의 행위는 형을 감경한다.

수많은 장애인 피해자와 피의자를 만나는 저도 이 조문을 볼 때마다 만감이 교차합니다. 정신적 장애인을 무조건 심신장애나 심신미약으로 바라보는 것도 이 사회의 편견일 수 있고, 수어를 사용하여 의사소통을 한다는 이유로 형을 필요적으로 감경하는 것이 현실과 잘 맞는 것인지도 의문입니다. 같은 조문이라도 피해자를 대리할 때나 피의자를 대리할 때 전혀 다른 느낌으로 다가오기도 하고요.

부산 발달장애인 사건은 무죄로 확정되었지만, 다른 유사한 사건에서 수많은 장애인들이 유죄를 선고받는 것을 보기도 합니다.

법은 현실을 담는 최소한의 그릇이기에 원칙과 예외를 적어 둘 뿐입니다. 그 법을 운용하는 것은 사회라는 큰 소용돌이입니다. 결국 그 법이 잘 운용되도록 사회적 힘을 모아 가는 것이 정말 중요한 일일 것입니다.

5.
'투명인간' 취급하지 마세요

― 〈 마더 〉 속 원빈은 엄마 덕에 행복했을까?

고시 공부 기간 동안 거의 유일한 '딴짓'은 영화를 보는 것이 었습니다. 좋은 영화를 보면 짧은 시간에 그 영화 속 인생을 대신 살아 보고 함께 울고 웃을 수 있었습니다. 마음이 울적한 날, 펑펑 눈물이 나는 영화라도 한 편 보고 나면 신기하게도 가슴한 켠이 후련해졌습니다.

영화 장르를 가리지는 않지만, 전혀 현실과 동떨어진 SF나 판타지보다는 내 주변에 한번쯤 있음직한 이야기가 담긴 영화를 특히 더 좋아합니다. 그런 이유에서 '봉테일(봉+detail)' 봉준호 감독님 영화는 빼 먹지 않고 보는 편입니다. 제가 영화 〈마더〉를 꼭 잘생긴 원빈 때문에 본 것만은 아니라는 것이죠! 훈훈한 기대를 가지고 이 영화를 보기 시작했지만, 영화가 끝난 후 복잡한 생각이 휘몰아치더군요. 그리고 한 사람의 이름이 생각났습니다.

가족이라도 그 사람 인생을 대신 살 순 없어요

몇 해 전 봄날, 한 중년 여성이 찾아와서 하소연을 하셨습니다. 빠글빠글 파마머리에 거친 손, 걸걸한 목소리를 가진 그분의 이름은 김필순 씨였습니다. 김필순 씨는 제게 이야기를 시작하면서부터 당신이 살면서 얼마나 많은 고생을 했는지 털어놓았습니다.

"제 남편이 장애인이라 제가 어쩔 수 없이 한 일입니다. 나라에서 이런 저를 보호를 해 주지는 못할망정 처벌을 받으라니 이래도 되는 건가요?"

함께 가져온 서류를 읽어 보니 "피고인 안민우는 공판 기일에 출석하라"는 통지가 있었습니다. 김필순 씨의 남편인 안민우 씨가 무고죄로 기소되었다는 내용이었습니다.

안민우 씨가 피고인인 그 형사 사건 기록은 천 페이지도 넘었습니다. 단순한 무고죄뿐 아니라 사문서 위조죄, 위조 사문서 행사죄 등 여러 개의 죄명이 함께 기소되어 있었습니다. 몇 권의 사건 기록을 차분히 읽은 후 정리한 사건의 전말은 이러했습니다.

김필순 씨는 상업고등학교를 졸업하고 작은 회사에서 사무 보조 일을 했습니다. 싹싹하고 생활력이 강한 분이었지요. 같은 동네에 살던 안민우 씨는 그런 김필순 씨를 따라다녔고, 안민우 씨의 계속되는 구애에 김필순 씨는 친구들보다 일찍, 이십 대 초반에 결혼을 했습니다. 시댁은 꽤나 부유했지만 남편이 워낙 술을 좋아하고 돈을 헤프게 쓰는 바람에 결혼 초기부터 가정불화가 끊이지 않았다고 합니다.

남편이 도박중독과 알코올중독에 빠지면서 불화는 더 심해졌습니다. 남편은 술을 마시면 자주 아내와 두 딸을 때리고 괴롭혔습니다. 그러다가 사십 대 초반의 젊은 나이에 당뇨병이 걸렸고, 알코올중독과 당뇨병의 합병증으로 발가락이 썩어 가고 신장이 손상되는 지경에 이르렀다 했습니다.

"하루는 이 웬수 같은 인간이 돈을 안 준다고, 몸이 안 좋아 누워 지내시는 시어머니한테 부엌칼을 들고 설치는 거예요. 경찰이 출동하고 난리도 아니었어요. 그 일이 결정적인 계기가 되어서 장애인 등록을 하게 된 거예요."

결국 안민우 씨는 지체장애와 정신장애의 중복장애인으로 등록하게 되었고, 장애인 등록 이후부터 기다렸다는 듯이 사건이 터졌다고 합니다.

안민우 씨는 장애인으로 등록하기 전에 이미 여러 지인들에게 술값, 도박비 등 명목으로 큰 빚을 지고 있었는데, 알고 보니 그 빚은 김필순 씨가 열심히 모은 돈으로 장만한 하나뿐인 집을 담보로 잡고 빌린 돈이었습니다. 친구들의 부탁으로 연대 보증을 서 준 것도 여러 개였습니다.

"빚 갚으라고 전화가 빗발치는데, 정말 아득하고 멍하더라고요. 망나니 남편 만나 편찮으신 시어머니 수발하며 나 혼자 벌어 애들 대학 공부까지 잘 시켜 놨거든요. 그렇게 살았는데, 알지도 못하는 사람들 빚 갚아 주려고 시장 바닥에서 악착같이 장사하며 모아 놓은 돈을 한순간에 날려야 한다니요. 어떻게든 막으려고 소송을 시작했어요."

처음에는 연대 보증 계약이 법적으로 효력이 없다는 소송을 했고, 다음에는 집에 설정된 근저당권 설정 등기의 법적 효력을 없애려는 소송을 했습니다. 그 과정에서 김필순 씨는 신장 투석과 요양을 위해 요양원에 입원한 장애인 남편의 입원비를 홀로 대며, 전국을 돌아다녔지요. 마지막 남은 집 한 채를 지키기 위해 소송을 시작하고 혼자 싸워야 했던 김필순 씨의 나날들……. 그 시간들은 정말 지옥 같았다고 합니다.

"하나를 막으면 하나가 또 터지고, 정말 막아도 막아도 끝없는 소용돌이 같았어요. 그래서 마음이 급해진 거죠. 이 일을 빨리 해결하고 저도 조용히 살고 싶었으니까요."

소송이 늘어나면서 법원에 내야 할 서류와 찾아야 할 증거가 점점 많아졌습니다. 김필순 씨는 생업을 거의 포기하고 경찰서와 관공서를 수시로 다녀야 했습니다. 거동이 불편한 남편과 번번이 함께 다닐 수가 없었던 김필순 씨는 안민우 씨의 복지 카드, 주민등록증, 인감도장, 인감증명서를 항상 챙겨 다니며 여기저기 일을 보았습니다.

안민우의 '보호자'라는 이름으로 안민우 명의의 서류를 내고, 도장을 찍었습니다. 스스로 안민우가 되어 연대 보증하게 만든 아무개, 근저당 설정을 해 간 아무개를 형사 고소하는 일도 주저함이 없었습니다.

문제는 그렇게 고소한 형사 사건이 검찰로 송치되면서부터 시작되었습니다.

"어느 날 검찰청에서 전화가 왔어요. 저보고 안민우 씨냐고 묻더라고요. 제가 안민우의 보호자 된다고 했더니, 남편을 무고죄로 재판에 넘긴다는 거예요. 아니, 제대로 걷지도 못해서 신장 투석 받으면서 휠체어로 다니는 사람을 재판에 나오라는 게 말이 되나요? 안 나가면 큰일 나는 건가요?"

검찰은 김필순 씨가 안민우 씨 이름으로 고소한 사건을 수사하다가 오히려 안민우 씨를 무고죄로 기소한 것이었습니다. 김필순 씨는 "남편도 다 알고 있었고, 자기는 몸이 불편한 남편을 대신해서 수족처럼 일을 했을 뿐"이라고 했습니다.

"지금 이 재판은 안민우 씨가 그동안 여러 서류를 위조하고, 죄 없는 사람들을 허위 사실로 고소했다는 내용으로 처벌을 받으라는 내용입니다. 그래서 정말 안민우 씨가 재판을 받을 만한 일을 했는지 확인이 필요합니다."

며칠 후 김필순 씨와 함께 안민우 씨가 입원해 있는 요양 병원을 방문했습니다. 침대에 누워서 수액을 맞고 있는 안민우 씨는 온몸이 창백했습니다. 오랫동안 걷지 못해서인지 다리에 근육이 전혀 없이 뼈가 앙상했습니다.

간호사의 도움으로 안민우 씨를 일으켜 앉혔습니다. 눈을 바라보고 말하는데 자꾸 눈을 못 마주치고 초점을 흐리더군요. 그래도 여유를 두고 천천히 말을 이어 나갔습니다.

"안녕하세요? 저는 김예원 변호사라고 합니다. 법원에서 선생님에게 어떤 서류를 보내 왔어요. 제가 좀 도와드리려 하는데요,

혹시 이 서류를 한번 확인해 주실 수 있으신가요?"

힘겹게 고개를 끄덕이는 안민우 씨에게 검찰이 위조한 것으로 특정한 사문서 몇 개를 보여 드렸습니다. 안민우 씨는 힘들지만 열심히 한 장 한 장 보더니, 본인은 컴퓨터로 전혀 글을 작성할 줄 모르고, 아래 찍혀 있는 도장도 자기 도장이 아니라고 말을 하는 것입니다! 이 문서는 처음 보는 문서이고 자신은 도장을 찍은 사실도 없다고 말이죠. 마지막으로 안민우 씨가 작성하여 제출한 것으로 되어 있는 고소장 사본을 보여 드렸지만, 역시 같은 대답이었습니다.

옆에서 듣고 있던 김필순 씨는 남편이 이렇게 대답하는 것을 보고 한숨을 푹 내쉬더군요. 안민우 씨께 "힘드신데 말씀해 주셔서 고맙습니다. 이제 편히 누워서 쉬세요." 인사를 드리고 김필순 씨와 함께 밖으로 나왔습니다.

"안타깝게도 이 사건은 제가 도움 드릴 수 있는 게 별로 없을 것 같습니다."

"네? 왜요? 그럼, 저렇게 누워 있는 남편이 처벌을 받아야 한다는 말씀이세요?"

"아니오. 안민우 씨는 처벌받지 않으실 겁니다. 이 사건의 피고인은 사실 안민우 씨가 아니라 김필순 씨이기 때문입니다. 그래서 저는 법정에서 안민우 씨에 대한 공소 기각을 주장할 수밖에 없는데, 그렇게 되면 김필순 씨에 대한 수사가 개시될 것입니다."

가슴 아프지만 법적으로는 그러했습니다.

안민우 씨는 예전에 금치산 선고를 받은 적이 없었고, 안민우 씨가 빚을 지던 때는 장애인 등록 전이었습니다. 그래서 빚지고 연대 보증한 일들은 법적으로는 유효하기에, 이를 스스로 뒤집는 내용의 사문서는 아내에 의해 위조된 것이 맞는 것이죠. 아내가 한 남편 명의 고소도 무고죄가 인정될 가능성이 커 보였습니다. 김필순 씨가 왜 그렇게 했는지 사정은 이해하더라도, 김필순 씨가 안민우 씨가 아닌 건 사실이니까요.

스스로 결정하게 해 주세요

영화 〈마더〉 속 엄마는 지적장애 아들을 억척스럽게 홀로 키워 냈습니다. 그리고 아들을 위해서라면 무슨 일이라도 해냅니다. 아들이 살인자가 아니라는 것을 입증하기 위해, 죄 없는 다른 사람을 범인으로 만드는 데 일조하게 됩니다. 자기 아들을 홀로 감옥에 보낼 수는 없었기 때문이지요.

사소한 것이라도 스스로 결정해 본 적이 없고, 성취감을 얻지 못한 채 어른이 된 지적장애 아들은 끝까지 엄마로부터 독립하지 못합니다. 살인이 일어난 것도, 어쩌면 엄마가 아들을 품에서 내어놓지 못해서였을지도 모릅니다.

많은 사람들이 그 영화 속 엄마처럼 장애인을 '보호의 대상'으로 보고, '선의로' 장애인을 '대신'하는 것은 '좋은 일'이라고 오해합니다. 김필순 씨 역시 아내로서 알코올중독 남편이 장애인이 되는 과정을 그대로 지켜봤기 때문에 더욱 그런 마음이 커졌을 것입니다.

그러나 아무리 중증 지적장애인이라도 스스로 좋고 싫음을 결정할 기회조차 주지 않으면 더 큰 문제가 생깁니다. 그래서 장애인 스스로 사소한 무언가라도 결정할 수 있도록 '돕는 시스템'이 필요한 것이죠.

허탈하게 집으로 돌아간 김필순 씨와 영화 끝 무렵 넋 나간 표정으로 춤을 추는 도준이 엄마가 참 많이 닮았다는 생각이 들었습니다.

도준 엄마는 끝까지 아들을 포기하지 않겠지만, 필순 씨도 그럴 수 있을까 하는 생각도 해 보았습니다. 아무리 좋은 제도라도 사람을 담지 못하면 허무한 것이겠지요. 바람 부는 언덕에서 두 팔을 벌리고 허수아비처럼 춤추던 도준 엄마의 쓸쓸한 모습이 언제까지고 마음에 남을 것 같습니다.

6.
그저 함께 살아가고 싶은 것뿐

— <시네마천국>, 그리고 장애인천국!

좀 지난 옛날 영화를 다시 보는 걸 참 좋아합니다. 어린 시절 본 영화 중 '뭔가 뭉클하긴 했는데, 왜 그랬는지 기억이 나지 않는' 좋은 영화들은 꼭 다시 찾아서 보는 편입니다. 그래서 영화음악 듣는 것도 좋아하는 것 같아요. 어느 여름밤에 아이들 재워 놓고 남은 일을 하면서 영화음악을 노동요로 틀어 놓았는데, 그 유명한 〈시네마천국〉의 테마곡이 흘러나오더군요. 오래전에 보았던 영화 속 장면들이 생생하게 떠오르면서 마음이 따뜻해졌어요.

이 수건은 내 거야

그러다가 돌아온 토요일, 여름이 가기 전에 아이들을 데리고 한강 공원 수영장에 나갔습니다. 날씨는 따뜻하고 사람도 적어 수영장 곳곳을 마음껏 이리저리 휘저으며 놀 수 있었지요.

　그때 다섯 살이었던 큰아이는 자기 무릎 높이까지 찰랑거리는 유아 수영장을 벗어나 어른 수영장에 가 보고 싶다고 하더군요. 제가 같이 가면 괜찮겠지, 싶어 데리고 갔습니다. 큰아이도 처음에는 발이 안 닿는다고 무서워 발버둥을 치더군요. 꼭 안아 주며 괜찮다고 하니 이내 적응해서 품에 안긴 채 개구리 수영 흉내를 내고 있었습니다. 물론 얼굴 표정은 잔뜩 긴장한 채였지만요.

그렇게 평화로운 시간을 보내고 있는데, "싫어!!!" 하고 난데없이 큰소리가 들렸습니다. 딸처럼 보이는 이십 대 여성이, 엄마인 듯한 사십 대 여성에게 고함을 지르고 있었습니다. 딸은 분홍색 모자를 쓰고, 분홍색 수영복을 입고 있었어요.

"민영아! 이거 네 물건 아니잖아! 이거 그냥 가져가면 도둑 되는 거야!"

"아니야! 이건 내 물건이야! 이제 내 거야!"

"아휴, 정말 애가 오늘 따라 왜이래! 이거 돌려줘야 한대도!"

"안 돼. 절대 안 돼. 이거 내 거야."

가만 보니 딸의 어깨에는 보드랍고 도톰한 수영장용 수건이 걸쳐져 있었습니다. 그 수건 역시 짙은 핑크색이었는데, 딸은 그 수건을 망토처럼 목에 휘휘 감고 있었습니다. 바로 알겠더군요.

'발달장애를 가진 딸인 모양이네. 엄마가 사람들 많은 이곳에서 딸한테 자연스럽게 뭔가 가르치고 이야기하는 중인가 보다.'

그래서 일부러 시선을 보내지 않았습니다. 발도 안 닿는 곳에서 개구리헤엄을 치려니 힘이 들었는지, 원래 놀던 얕은 곳으로 가자는 큰아이를 안아 메고 발걸음을 옮겼습니다. 그 와중에도 그 모녀는 계속 같은 대화를 쳇바퀴처럼 반복하고 있었습니다. 엄마는 상기된 얼굴로 딸을 잡으러 다니고, 딸은 수건을 빼앗기지 않으려고 도망 다니고 있었습니다.

아이들 수영장에서 놀다가 집에 가려고 차로 갔는데, 이런! 시동이 걸리지 않는 겁니다! 아이가 차 내부 조명을 켜 놓고 내린 거예요. 보험사를 부르고 기다렸지요. 그런데 갑자기 경찰차 한 대가 주차장으로 들어오는 게 보였습니다. 무슨 일인가 싶어 경찰 차로 다가가는 찰나였지요.

"아저씨, 애 이러다가 경찰서로 잡혀가죠?"

민영이 엄마였습니다. 민영이는 아까 본 수영복 차림 그대로였 는데, "아니야!! 아니야!! 우에에에!!" 하고 소리를 지르며 저쪽으 로 도망갑니다. 그러다 엄마 근처로 되돌아와서 눈치를 보며 빙빙 도는 민영이에게 경찰관 한 명이 무섭게 말했지요.

"엄마 말 안 들으면 아저씨랑 경찰서 간다!"

민영이는 "아니야! 아니야! 안 갈 거야!!" 하면서 저쪽으로 도망 가고, 엄마는 민영이를 잡으러 이리 뛰고 저리 뛰고 있습니다. 더 운 여름 주차장이 더 후끈한 것 같았습니다.

주인에게 분홍색 수건을 돌려주지 않으려는 딸을 제대로 교육 을 시키려는 엄마 마음도 이해 안 되는 건 아니었습니다. 그냥 두 었다가는 민영이가 혼자 남의 물건을 덥석 집었다가 큰 곤욕을 치 를 수도 있는 일이니까요.

이런 경우에 경찰을 부르는 발달장애인 부모님을 여러 번 보아 왔습니다. 그 장면을 볼 때마다 마음이 많이 불편했지요. 그런데 지금 민영이를 대하는 경찰관의 태도에는 문제가 있는 것 같아 다 가갔습니다.

"수고 많으십니다. 혹시 저 딸아이가 어떤 장애라고 하는지 들으셨나요?"

간단한 소개를 하고, 민영이의 장애 상태를 물었습니다.

"글쎄요. 저희도 어떻게 해야 할지를 전혀 모르겠어요."

"실례가 안 된다면 몇 가지 말씀 드려도 될까요? 지금 저 아이는 경증 지적장애나 아스퍼거 증후군일 수 있는데요, 아까 하신 것처럼 경찰서로 잡아간다고 겁을 주거나 무섭게 소리를 높이는 것은 삼가셔야 합니다."

민영이 엄마가 돌아오기 전에 말을 마치려고 빠르게 말을 이어 나갔습니다.

"발달장애의 특성상, 그렇게 하시는 것은 아무 도움이 되지 않습니다. 시간은 좀 걸리겠지만 저 수건을 주인에게 돌려줄 마음이 생길 때까지 다양한 방법으로 이야기를 하는 게 좋습니다. 정 그렇게 되지 않으면 지금 흥분 상태가 계속되는 이 장소에서 벗어나서 새로운 장소로 조용히 이동하여 다시 이야기를 해 보는 것이 어떨까요?"

그렇게 말을 하고 있는데 민영이를 잡으러 다니다가 지친 엄마가 경찰들이 있는 쪽으로 돌아오셨어요.

"어머니, 제가 장애 관련 일을 하고 있는데요, 혹시 무슨 일 때문에 그러신지 여쭤 봐도 될까요?"

"쟤가 유독 핑크색을 좋아하는데 오늘 수영장에서 남의 수건이 맘에 든다고 확 잡아채더라고요. 그래서 죄송하다고 하고 민영이에게 받아서 드리려고 하는데 저렇게 안 주고 도망을 다니네요. 하다 하다 안 돼서 경찰서에 연락을 한 거예요."

"아이고, 그러셨군요. 민영이 장애 등록을 어떻게 하셨나요?"

"지적장애 3급*이에요."

어머니께 제가 제안을 드렸습니다.

"어머니, 지금 민영이가 많이 흥분해 있기 때문에 경찰 아저씨들은 저쪽에 계시라고 하고, 제가 한번 이야기해 볼게요. 수건을 지금 받아서 주인에게 돌려주면 가장 좋지만, 이 자리에서 꼭 돌려줘야 하는 것이 아니면, 주인 연락처를 가지고 있다고 하시니 나중에 택배로 보내 드리도록 양해를 구하시거나, 같은 걸로 사서 보내 드리는 것도 생각해 주세요. 오늘 민영이가 배울 것은 '남의 물건을 막 가져가면 안 된다'는 것이지, 그 이상 부정적인 기억이 쌓일 필요는 없거든요."

다행히 어머니가 한걸음 물러나 주셨습니다.

허락을 받은 저는 저쪽에 쭈뼛거리고 있는 민영이에게 웃으면서 다가갔습니다.

잘 아는 사람인 것처럼 반갑게 이야기하고, 자연스럽게 수영복

---

* 지적장애 3급은 지능지수가 50 이상 70 이하인 사람을 말합니다.

이야기를 꺼냈습니다. 칭찬도 하고, 궁금해하고, 손도 잡고 하니 민영이도 긴장을 풀었지요.

"그래, 정말 너무 예쁜 수영복이다. 이모도 이런 거 사고 싶었는데. 너한테 참 잘 어울려. 그런데 등에 있는 그 수건도 옷이랑 모자랑 다 세트로 산 거니?"

민영이는 엄마 눈치를 보면서 작게 대답합니다.

"아니요. 이건 산 거 아니에요."

"그래? 그렇구나. 이건 같이 산 것이 아니구나. 그럼, 이 수건은 민영이 거니?"

조금 망설이다가 민영이가 대답했습니다.

"아니요. 그런데 오늘부터 민영이 거예요."

"아, 오늘부터 민영이 거야? 오늘 엄마가 새로 사 주신 거구나?"

"아니요. 그냥 오늘부터 민영이 거예요."

민영이는 이미 알고 있었습니다. 자기가 남의 물건을 그냥 가지고 온 것. 그리고 그 일로 엄마가 화가 났다는 것. 그리고 온몸으로 말하고 있었지요. 이 물건을 돌려줘야 하지만, 그러고 싶지 않다고.

"아, 이모가 이제 이해가 된다. 이모가 잘 이해한 건지 한번 들어 줄래? 그러니까 이 예쁜 수영복과 모자는 엄마가 전에 민영이랑 같이 가서 산 건데, 이 수건은 산 적이 없다는 거지?"

"네……."

"오늘 민영이가 이 수건을 봤는데 너무 예뻐서 이 수건 오늘부터 민영이 거 하고 싶다는 거지?"

"네……."

"아, 그래 너무 고마워. 그런데 민영아. 그러면 이 수건은 어떻게 할지 엄마랑 이야기해야 될 것 같다, 그치?"

이렇게 이야기하자 다시 경계의 눈빛을 보이면서 소리가 높아졌습니다.

"아니, 아니! 싫어, 이거 민영이 거야!"

"그래, 이거 예뻐서 민영이랑 너무 잘 어울려. 그런데 이거 엄마랑 같이 산 적이 없으니까 어떻게 할지 엄마랑 이야기해야 할 것 같은데, 그치? 저쪽에 엄마가 기다리고 계신데 이모랑 손잡고 엄마랑 이거 이야기하러 같이 가 볼래?"

이렇게 계속 설득을 해 보았습니다. 몇 분이 지나자 민영이는 손을 내밀었고, 함께 손을 잡고 엄마에게 가서 말했습니다.

"엄마, 민영이가 이 수건이 너무 예뻐서 지금 목에 걸고 있는데요, 어떻게 하면 좋을지 엄마랑 이야기하러 왔어요. 민영이도 이거 민영이 거 아닌 건 알고 있대요. 그리고 그럼, 어떻게 하면 될지 이야기하고 싶대요."

그리고 상황을 지켜보았죠.

"민영이도 장애가 있긴 하지만, 뭐가 잘못된 건지 어떻게 해야 할지 잘 알고 있는 아이에요. 발달장애인에게 '하지 마! 그만해!'

하고 부정적인 말을 하면 상황이 더 악화되거든요. 이런 상황에서 장애인은 스스로 어떻게 해야 할지 답을 이미 알고 있는 경우가 많아요. 차분하게 그 답을 찾아갈 수 있게 옆에서 함께 있어 주는 게 큰 도움이 됩니다."

그 모습을 함께 지켜보던 경찰에게 설명을 하는 사이, 민영이는 스스로 목에 건 수건을 풀더니 엄마에게 건네주더군요!

경찰들도 돌아가고 다시 주차장은 평화로워졌고, 보험사의 긴급 출동 서비스도 막 도착했습니다. 참 절묘한 타이밍이었습니다.

장애는 있는 그대로 받아들이는 것

영화 〈시네마천국〉은 1990년에 개봉한, 아주 오래된 영화입니다. 영화를 무척이나 사랑하는 소년 토토와 낡은 마을 극장의 영사 기사 알프레도 할아버지의 우정을 그린 영화입니다. 유명한 영화감독이 된 토토가 알프레도가 죽었다는 소식을 듣고 30년 만에 고향에 돌아와 떠올리는 추억을 그렸지요.

어린 시절, 토토는 학교를 마치면 마을 광장에 있는 극장「시네마천국」으로 달려가 알프레도에게 영사 기술을 배웠습니다. 토토가 청년이 되어 세상 밖으로 나갈 용기를 준 것도 알프레도였지요. 알프레도가 토토를 위해 남겨 주었던 필름 한 다발. 그 속에

끝없이 이어지는 키스 장면의 향연은 지금도 잊혀지질 않습니다.

이번에 다시 이 영화를 보니, 새로운 것이 눈에 보였습니다. 돈이 없어 극장에 들어오지 못하는 사람들을 위해 스크린 대신 광장 벽에다 영화를 상영해 주던 알프레도가 화재 사고로 눈을 잃고 맙니다. 앞을 볼 수 없게 된 알프레도 대신 영사 기사로 나선 토토! 시각장애인이 된 알프레도와 토토의 우정은 더욱 깊어졌지요.

다시 본 영화 속에는 "이 광장은 내 거야, 다 나가!!" 소리치는 노숙인도 있었습니다. 제대로 진단받았다면, 조현병으로 정신장애 등록을 하셨을지 모르는 그 노숙인 아저씨를 이번에야 제대로 만나 볼 수 있었습니다.

알프레도와 광장의 노숙인 아저씨는 모두 장애인이었지만, 가족, 그리고 마을 사람들과 함께 자기 수명을 다할 때까지 그 마을에서 그 모습 그대로 살아갑니다. 마을 사람들은 그 두 사람의 장애를 '있는 모습 그대로' 존중하고 그저 함께 살아가고 있었습니다. 굳이 요청하지도 않는 도움을 주겠다고 나서지도 않고, 남은 여생을 위해서 장애인 시설에 들어가라고 등을 떠미는 사람도 없이 말이죠. 두 사람은 자연스럽게 마을에 살며 길에서 만나면 인사도 합니다.

한강 공원 수영장에서 만났던 민영이가 다시 생각났습니다. 민영이는 사는 동안 얼마나 알프레도 아저씨 같은 경험을 하게 될까요? 어딜 가나 주목받고, 자신을 무서워하거나 오히려 겁을 주는 사람을 많이 만났을 민영이에 비하면 알프레도 아저씨는 그래도 더 자유로운 사람이 아니었을까, 하는 생각이 들어 마음이 씁쓸했습니다. 적어도 그날 민영이를 만나 본 경찰관 두 명은 전과는 다른 마음으로 발달장애인을 볼 수 있게 되었기를 바랍니다.

오늘보다 그래도 내일이, 조금이라도 더 나아진 환경에서 민영이가 살아갈 수 있기를 바랍니다. 민영이의 내일을, 우리 모두의 내일을 응원합니다!

7.
무조건 '같이' 있기만 하면
저절로 통합 교육인가요?

— <우리들> 속 살아 숨 쉬는 아이들 마음

아무리 부족함 없이 자란 사람이라고 해도, 어린 시절을 떠올리면 스멀스멀 기억하고 싶지 않은 사건이 한두 개쯤은 있기 마련이지요. 무슨 일인가 때문에 친하게 지냈던 친구와 갑자기 멀어졌는데, 이유는 잘 생각나지 않아도 마음 한 켠이 아린 추억 같은 거요.

영화 〈우리들〉에는 사랑스러운 아이들이 참 많이 나옵니다. 이제 열 살을 갓 넘긴 아이들이 주인공인 영화거든요. 아이들뿐 아니라 이 세상을 살아가는 사람이라면 누구나 겪는 감정의 소용돌이를 만날 수 있는 어여쁜 영화입니다.

"애들이 뭔 고민이 있겠어?" 하는 어른들의 생각과 달리 아이들에게도 생을 건 고민은 숱하게 많습니다. 영화 속 '선'이도 그렇지요. 언제나 외톨이였던 '선'이 전학생 '지아'와 친해지고, 반짝반짝 빛나는 여름방학을 보낸 뒤 개학하고 갑자기 변해 버린 '지아'를 잃게 될까 봐 걱정합니다.

초등학생, 어린이……. 걱정도 한 점 없고, 억울한 일도 하나 없을 것 같은 그 시절. 아이들의 마음 속 생각과 감성은 너무나 풍부하다 못해 예민하기까지 합니다. 굳이 사춘기까지 가지 않더라도 말이죠.

'위한다'는 마음으로 세워지는 벽

이 영화를 보면서 다둥이 엄마 진숙 씨 이야기가 생각났습니다.

진숙 씨는 아이가 셋입니다. 어렵사리 상담 요청을 해 놓고도 워킹맘이라 시간을 내기 너무나 어려워 했습니다. 그래서 제가 저녁 시간에 진숙 씨 집으로 만나러 갔었지요. 진숙 씨는 일찍 결혼해서 첫째와 둘째를 빨리 낳았답니다. 그 둘이 초등학생이 되었을 때 갑자기 셋째가 생겼다고 합니다.

빠듯한 형편인데다가 남편은 직장이 멀어 주말 부부로 지내고 있었습니다. 진숙 씨는 일하랴 혼자 아이 둘 키우랴 너무 힘든 상황이어서 처음에는 셋째를 낳지 말까 생각도 했답니다. 그래도 소중한 생명이었기에, 임신 초기 아기가 위험하다는 의사 선생님의 말에, 꼬박 한 달을 거의 누워 있다시피 했습니다.

"아직 손이 많이 가는 아이도 둘이나 있는데, 그렇게 힘들 수가 없더라고요. 그래도 제가 해 줄 수 있는 게 그것뿐이라 뱃속 씩씩이를 위해서 버텼어요."

씩씩이는 예정보다 일찍, 작게 태어났습니다. 사내아이였고, 준성이라는 이름을 가지게 되었습니다. 셋째는 알아서 큰다고 하던데, 준성이는 이상하게 좀 느렸습니다. 태어난 지 한 달이 지나도 고개를 잘 들지도 못했고요, 뒤집기도 8개월이 지나서야 겨우 했습니다. 돌이 되었는데도 엄마와 눈을 잘 마주치지 못하더래요.

그냥 좀 늦되는 아이겠거니 하다가, 주변의 성화에 못 이겨 병원에 가 봤습니다. 우여곡절 끝에 생후 2년이 지나서 자폐성장애와 지적장애 진단을 받았습니다. 진숙 씨는 그날 이후로 하루하루를 어떻게 살아왔는지 알 수 없다고 했습니다.

진숙 씨는 준성이를 일반 학교에 보내기로 결심했습니다. 집 근처에는 마땅한 특수학교도 없었고, 특수학교는 중증장애 학생 위주라서 준성이가 오히려 힘들지 않을까 하는 생각도 들었답니다. 무엇보다 학교 때문에 이사할 형편도 아니었습니다. 일반 학교에 보내는 것은 시작부터 쉽지 않았습니다. 집에서 제일 가까운 초등학교에서는 장애아와 비장애아의 통합 수업이 어렵다며 손사래를 쳤습니다.

교육청의 지원을 받아서 준성이가 다닐 수 있는 학교를 겨우 찾았습니다. 준성이 학교는 나름 그 지역에서는 오랜 전통을 자랑하는 공립학교였기에, 좋은 수준의 통합 교육이 잘 이루어질 거라고만 믿었습니다.

그러던 어느 날, 학교에서 돌아온 준성이를 씻기는데 준성이 오른쪽 팔뚝에 거뭇거뭇한 점이 생긴 걸 보게 됐습니다. 퉁퉁 부어올라 있는 곳도 보였고요. 그 상처가 연필심이 박혀서 생긴 것임을 알아내는 데만 꼬박 이틀이 걸렸습니다.

진숙 씨는 전화 통화할 때는 담담한 것 같더니, 막상 만나고 보니 눈물을 주체하지 못했습니다.

"이제 시작이라고, 그렇게 마음을 매일 다잡고 힘들게 보낸 학교인데, 입학하자마자 이런 일이 생길 줄은 정말 몰랐어요. 그냥 다 포기하고만 싶은 심정이에요."

같이 아이를 키우는 엄마로서 눈물을 참는 것이 참 어려웠습니다. 함께 눈물을 닦으며 충분히 그 마음을 공감해 드리는 것부터 이야기를 시작했습니다. 준성이가 겪은 일은 이랬습니다.

"반 아이들이 처음에는 우리 준성이를 잘 이해해 주고 잘 어울리는 것 같더라고요. 어디부터 잘못되었는지 정말 모르겠어요. 우리 준성이는 여태 자라면서 싱크대 서랍장 한번 안 뒤지고, 자기 두 발을 한꺼번에 깡충 뛰어 본 적도 없이 조용하고 활동성이 적은 아이거든요."

저쪽 방에서 놀고 있던 준성이는 초등학교 저학년 남자아이들이 가지고 있는 에너지의 양에 비하여 많이 조용했습니다. 눈을 잘 마주치지 않고 나지막이 혼자만 알아들을 수 있는 소리를 내곤 했죠. 가끔 콧소리와 함께 선사하는 미소가 한없이 사랑스러운, 그런 아이였지요.

"담임선생님은 어떤 분인가요?"

잠시 생각하더니 진숙 씨는 담임선생님을 "좋은 분"이라고 소개했습니다.

"나이가 좀 있으신 분이라 처음부터 저희 아이를 보고 불쌍하고 가엾다고 하시면서, 잘 돌봐 주실 것 같더라고요. 다른 아이들에게는 엄하게 해도 저희 아이는 많이 봐주시려고 하는 것 같고요."

뭔가 느낌이 좋지 않아 학교생활을 더 물어보았지만, 준성이 위로 두 아이까지 챙기느라 진숙 씨도 준성이의 학교생활에 대해서는 자세히 챙기지 못하고 있는 것 같았습니다. 대신 준성이와 몇 년을 알고 지낸 같은 반 호준이 엄마를 소개해 주었습니다. 호준이 엄마가 그 반 학부모회 대표를 맡고 있기에 반 사정을 잘 알 것 같아서였습니다.

다음 날, 호준이 엄마와 통화를 했습니다.

"다름이 아니라 준성이 학교생활 관련해서 혹시 호준이가 집에 와서 했던 말 중에 기억나는 거 있으세요?"

많은 이야기가 오가는 중에 이런 일이 생긴 까닭을 알 수 있었습니다. 원인은 준성이의 담임선생님한테 있었습니다. 담임선생님의 지나친 '구분 짓기'가 아이들이 한참 예민한 학기 초에 큰 부작용을 낳았던 것입니다.

준성이의 담임선생님은 오십 대 후반의 여성이었고, 종교 활동을 열심히 하는 분이었습니다. 장애에 대한 이해가 없어서 '지적' 장애를 '지체*(정신지체, 지금은 사용하지 않는 말)'장애라고 불렀습니다. 그 선생님에게는 '장애'가 그저 불쌍하고 가엾기만 한 것이어서, 입학 첫날부터 '준성이를 위해서' 준성이의 장애를 같은 반

아이들에게 몇 번이나 강조했다고 합니다.

"담임선생님이, '애가 온전치 않다'면서 과잉보호를 하시는 것 같았어요. 저희 호준이랑 준성이가 같은 분단이라 청소 당번을 같이 했는데 선생님이 '준성이는 정신에 문제가 있으니 돌발 행동을 할지도 모른다.'면서 청소도 안 시키고 구석에 가만히 앉아 있으라고 했대요."

문제는 이러한 선생님의 행동이 반 아이들로 하여금 보이지 않는 '마음의 금'을 더욱 선명하게 한 것입니다. 새 학기 낯선 환경에 예민한데다 감수성이 한참 민감한 시기의 아이들은 그 '마음의 금'을 눈빛으로, 표정으로 표현하기 시작했습니다. 한두 명이 그런 태도를 보이자 반의 분위기는 금방 그렇게 동화되었죠. 그리고 결국 신체 폭력까지 이어진 것이었습니다.

진짜 '우리'가 된다는 것?

영화 〈우리들〉의 영어 제목은 'THE WORLD OF US'입니다. '우

---

* 예전에는 '지적'장애를 '정신지체精神遲滯'장애라고 부를 때가 있었습니다. 정신적 발달이 느리다는 뜻으로 붙여진 용어인데, 지적장애인이 뭔가 부족하고 덜 떨어진 사람이라는 편견을 강화시킨다는 지적으로 지금은 '지적'장애라는 용어만 사용됩니다. 실제로 '지체肢體'장애라는 용어는 별도로 있는데요, 팔다리 등에 장애가 있는 경우를 말합니다. 한자는 다르지만 한글로 읽을 때 '지체'라는 단어가 똑같이 읽혀서 두 장애를 혼동하는 경우가 있기도 합니다.

리들의 세상'인 것이죠. 초등학생 친구들의 세상은 어떤 곳일까요? 영화 속 주인공인 아이들은 순수하고 맑습니다. 방학 동안 세상 둘도 없는 단짝이었던 두 친구가, 개학을 맞이하면서 갑자기 모르는 사이보다 더 삭막해집니다. 영화는 그 장면 장면만 담담하게 보여 주고 있지만, 보는 사람은 알 수 있습니다. 저 사랑스런 아이들의 마음속에 많은 물결이 있고, 그 물결들은 매순간 소용돌이 치고 있다는 것을요.

'아무것도 모르는' 아이들은 학교라는 사회 안에서, 매일매일 나와 다른 많은 아이들과 수많은 상호작용을 하며 살아갑니다. 옆자리 친구의 평범한 눈빛, 몸짓, 말투도 어느 순간에는 큰 울림으로 다가오는 세상입니다. 준성이가 살고 있던 그 교실도, 준성이와 친구들에게는 그 큰 울림의 세상이었을지 모릅니다.

준성이 일의 상담을 마치고 많은 고민이 들었습니다. 그리고 진숙 씨에게 전화를 걸었습니다.

"어머니 마음은 좀 어떠신가요? 이 사안은 바로 학교 폭력 사건으로 신고해서 법대로 절차를 밟는 것이 물론 가능합니다만, 혹시 이렇게 하시면 어떨까요? 이번 한 번만 학교 폭력 신고를 보류해 보시고 학급 전체를 대상으로 인권 교육을 받을 수 있도록 제가 교감 선생님께 이야기해 보겠습니다. 아이들이 서로의 입장을 이해할 수 있는 역할극을 통해서 보이지 않는 '마음의 금'을 옅게 하

는 과정이 필요한 것으로 보여서요. 물론 담임선생님도 꼭 그 교육에 참석하셔야 하고요."

다행히 진숙 씨는 '법대로 하지 말자'는 변호사의 황당한 제안을 믿고 따라 주었습니다. 이후 준성이의 학교생활은 훨씬 수월해졌습니다. 학교 보험을 통해 치료도 잘 마쳤고 가해 학생의 사과도 받았다고 합니다. 진숙 씨 마음의 짐도 조금 가벼워졌고요.

우리나라는 '장애인특수교육법'에 의하여 장애아와 비장애아의 통합 교육을 당연히 전제로 하고 있습니다. 제도는 그렇게 정해져 있어도 실제 통합 수업에는 넘어야 할 산이 참 많습니다. 대놓고 차별하지 않는 것만이 능사가 아니더군요. 감수성이 예민한 아이들의 세계에서는 무심코 '장애를 구분 짓는 것'도 '차별'의 씨앗이 될 수 있으니까요.

수많은 준성이의 친구, 그리고 '우리들'이, 장애가 있는 아이를 '장애인'으로 선을 그어 구분하는 것보다는 '새로운' 친구가 있어서 참 좋았다는 기억으로 남겨 둘 수 있었으면 좋겠습니다.

장애인이 시설에만 산다면

~~~~~~

Q 장애인은 시설에서 잘 보살펴 주는 것이 좋은 것 아닌가요?

A 몇 년 전, 한 중증장애인 거주 시설을 둘러보기 위해 어떤 사회 저명 인사 무리가 방문을 했습니다. 그 시설은 그 지역에서 제법 잘 운영되고 있다고 소문난 곳이라 정부 지원도 많고 자원봉사자도 끊이지 않는 곳이 었습니다.

시설 복도에는 알록달록 '시설 거주인 구성표', '계절별 놀러갔던 곳 사 진', '진행되고 있는 시설 내외 프로그램', '지원받는 서비스의 내용' 등이 촘촘히 게시되어 있었습니다. 그리고 그 게시물을 웃음 가득 머금고 보던 한 사람이 이렇게 묻습니다.

"아니, 이렇게 좋은데 왜 시설을 없애려고 하는 거예요?"

그 말을 듣고 한 박자 쉬고 이렇게 말해 주었습니다.

"그럼, 선생님이 여기서 한 달만 살아 보세요."

작년에 「국가인권위원회」에서 발주한 연구에 참여하였습니다. 중증장 애인과 정신장애인이 살고 있는 시설의 전국적인 실태를 조사하는 연구였 죠. 수많은 장애인들을 만나 면담했습니다.

"차라리 교도소는 징역 채우고 나갈 수라도 있는데, 여기는 언제

나갈지 몰라요."

"30여 년 동안 외부 사람하고 한 시간 넘게 이야기해 본 게 처음이에요."

"부모님이 여기서 죽을 때까지 지내라고 해서 너무 속상해요."

"입소한 게 너무 어릴 때라 언제인지 기억이 나지 않아요."

"여기가 산 한가운데(해발 600m)에 있어 상점도 슈퍼도 없어요."

"외부 활동으로 일 년에 한두 번의 캠프, 생일잔치용 외식, 자원봉사자가 있을 때 가끔 외출 프로그램⋯⋯."

면담 과정에서 솔직하게 나온 이야기들입니다.

조사 결과 중증·정신장애인 시설 입소자들은 식사 시간, 샤워, 산책, 텔레비전 시청, 휴대폰 사용, 투표, 종교 등 거의 모든 영역에서 인권을 보장받지 못하고 있었습니다.

정신장애인 열 명 중 한 명은 저체중 상태이고, 열 명 중 일곱 명은 영구치 한 개 이상을 상실했을 정도로 건강도 우려스러운 수준이었지요.

또한 상당수 입소자들이 강제로 시설에 들어왔고, 언제 나갈지 기약도 없었습니다. 중증장애인의 67.9퍼센트, 정신장애인의 62.2퍼센트가 '비자발적'으로 입소한 것으로 조사되었죠.

그렇게 입소한 중증·정신장애인 열 명 중 여섯 명은 십 년 이상 장기 입소하고 있었습니다.

즉, 중증장애인의 58퍼센트, 정신장애인의 65퍼센트는 입소한 지 십 년 이상 됐고, 입소 이십 년 이상 된 중증장애인은 24.9퍼센트, 정신장애인은

36.2퍼센트나 되었죠.

왜 장애인이 탈시설脫施設하여 지역사회에서 함께 살아야 할까요? 탈시설은 '사람으로서의 목소리를 찾아 자유로운 삶을 선택하기 위한 필수 조건'이기 때문입니다.

오늘날 많은 현대인들은 우울과 피로, 불안에 휩싸여 살고 있죠. 그런데 어떤 사람이 '장애를 가졌다'는 이유로 자신의 뜻에 반해 가족과 헤어져 어디론가 보내지고, 그곳에서 오랜 집단생활을 감내해야 한다면 어떨까요?

의식주만 해결된다고 사람답게 사는 것이 아닌 세상입니다. 다른 사람들과 동등한 입장에서 관계를 맺고 상호작용하며 살아 있음을 느끼는 것이 바로 사람입니다.

물론 탈시설에는 주택 지원, 소득 지원, 활동 보조 지원뿐 아니라 심리 및 사회관계 지원 서비스도 필요합니다. 사회적으로 품이 많이 드는 일이죠. 그렇다고 인간답게 살기 위한 장애인의 선택을 이 사회가 언제까지 모른 척할 수는 없습니다. 장애인과 비장애인이 진정으로 어우러져 사는 사회가 되려면 싸우든 좋아하든 서로 한 번이라도 더 자주 만나고 눈인사라도 마주하는 것이 첫 단추가 되기 때문입니다.

8.
세상을 무서워하지 말아요

— ⟨밀양⟩의 신애는 정신병원에서 나와
어떻게 살았을까?

'언덕 위의 하얀 집'. 언제부터인지 사람들은 정신병원을 그렇게 부르기 시작했습니다. 그러면서 무서워했지요. 정신병원에 가는 사람들도 아주 기구하거나 특이한, '비정상적인' 사람들이라는 취급을 받았고요. 영화나 드라마에서 정신병원에 갇히거나 입원하는 사람들은 사이코패스 같은 성격장애인, 마약 중독에서 헤어 나오지 못하는 사람 등 극단적인 모습으로 그려지기도 합니다.

그런데 혹시 알고 계신가요? 칸 영화제에서 여우주연상을 수상했던 영화 〈밀양〉의 주인공 '신애'도 정신병원에서 얼마간 지냈던 사람입니다. 알고 보면, 정신병원에 입원하는 사람들도 평범한 우리들이고, 나와 다를 바 없는 이들이라는 것을 보여 주는 이야기라 하겠습니다.

영화 속 준이 엄마, 신애는 서른세 살입니다. 신애의 남편은 교통사고로 갑자기 죽었는데, 알고 보니 다른 여자와 외도를 하고 있었다는군요. 신애는 남편 장례를 치르고 하나뿐인 아들과 밀양으로 이사를 왔습니다. 죽은 남편의 고향이라는 것 말고는 밀양과 신애는 아무 상관도 없는 곳입니다. 신애는 그 낯선 밀양에서 아들과 열심히 살아 보려고 피아노 학원도 열고, 동네 사람들과 인사도 하면서 새 삶을 만들어 가려고 합니다.

그렇다면 주변에서 흔하게 볼 수 있는 평범하고 수줍음 많은 아이 엄마였던 신애가 어떻게 정신병원에 가게 되었을까요?

치르치르와 미치르가 무서워요

장애인들이 많이 모여 집단생활을 하는 곳(장애인 거주 시설이나 정신요양시설)의 인권 실태를 알아보기 위해서 현장을 다닐 때가 많습니다. 시설에 가면 거기 살고 계신 장애인 당사자들과 많은 이야기를 나눕니다.

얼마 전에 방문했던 한 정신요양시설은 규모도 꽤 크고 그 지역에서 나름 오랜 역사와 전통을 자랑하는 시설이었습니다. 그날 만나서 이야기를 나누게 된 분 가운데 이제 막 이십 대 중반을 넘긴 청년이 두 명 있었습니다. 대개 오십 대에서 육십 대가 생활하는 시설인데, 상대적으로 많이 젊은 사람들이라 내심 놀랐지요.

두 사람의 청년, 종현 씨와 기만 씨는 저랑 이야기를 나누게 되어 걷기 시간을 빠질 수 있어 좋다고 했습니다. 종현 씨가 기만 씨보다 세 살 많은 형이었고, 두 사람은 얼마 전까지 각각 다른 정신병원에 있다가 이곳으로 옮겨졌다고 합니다.*

두 사람의 병명은 '조현증'이었습니다. 2011년까지 '정신분열증'이라고 불리던 이 병은 망상, 환청 등의 증상이 나타나는 병입니다. 조현병의 원인은 명확히 밝혀지지 않았고 제각각이라 일반

---

* 2016년 헌법재판소는 보호 의무자 2인에 의한 정신병원 강제 입원 제도가 위헌違憲이라고 판단했습니다. 이후 2017년 5월부터, 기존의 '정신보건법'이 '정신건강증진 및 정신질환자 복지서비스 지원에 관한 법률'로 전부 개정된 법률이 시행되면서 실제 상당히 많은 정신의료기관(정신병원) 환자들이 정신요양시설(요양원)로 이동하였습니다.

화할 수는 없지만, 적어도 그 둘이 살아온 삶의 궤적에는 어느 정도 공통점이 있었습니다.

종현 씨는 아기 때부터 보육원에서 자라서 가족과 산 경험이 없다고 했습니다. 어린 시절 기억도 거의 없는데, 그저 힘들고 외로운 기억이 대부분이라고요. 그러한 종현 씨에게는 동화책을 읽어 줄 사람도, 함께 말벗이 되어서 기분 좋은 상호작용을 할 사람도 없었습니다. 그러다가 어느 날 혼자 《파랑새》라는 동화책을 읽었다고 합니다.

"치르치르와 미치르가 저한테 자꾸 나타나요. 모르는 사람 엉덩이를 꼬집으라고 시키기도 하고, 머리카락을 잡아당기라고 시키기도 해요. 제가 그렇게 안 하고 싶다고 하면 계속 제 옆에서 저를 노려보고 때리고 괴롭혀요. 제가 화장실을 갈 때나 잠을 자려고 할 때도 계속 쫓아와요."

기만 씨도 어릴 때 보육 시설 몇 군데를 옮겨 다니면서 지냈고, "엄마"라고 불렀던 사람은 전혀 없었다고 했습니다. 가족이라 할 만한 이가 아무도 없는 것이지요. 어느 순간부터 기만 씨는 혼자서 조용히 있는 것이 가장 좋았고, 혼자 있을 때는 텔레비전을 오랫동안 보았다고 합니다.

"텔레비전에서 만화영화로 만들어진 그리스 로마 신화를 봤어요. 재미있어서 계속 봤는데 어느 날부터 거기 나왔던 제우스나 헤라클레스, 아폴로, 뭐 이런 신들이 자꾸 제 주변에 나타나서 소리를 크게 지르라고 시키기도 하고, 이상한 소리를 제 귀에 계속 들려주기도 하더라고요. 무서워서 도망 다녔는데 계속 저를 쫓아오고 괴롭혔어요. 지금도 저한테 맨날 화가 나 있어요. 혼내고 욕하고, 뭘 하려고만 해도……. 안 나타났으면 좋겠어요.”

종현 씨와 기만 씨는 세상에 태어나 가족에게 너무 일찍 버려진 사람들이었습니다. 이른바 ‘무연고자’로 분류되어 살아야 했습니다. 아가들은 세상의 모든 것이 낯설고 무섭기만 합니다. 그만큼 알고 싶은 곳이기도 하고요. 적어도 만 세 살까지는 주양육자가 “세상은 살 만한 곳”이라는 믿음을 심어 주는 일이 참 중요합니다. 그런데 그 둘에게는 한 번도 그런 경험이 없었던 것입니다.

어린아이였지만, 어딘가에 정착하여 살지 못하고 시설의 필요와 사정에 따라 여기저기 옮겨 다니면서 많이 무섭고 외로웠습니다. 그러다가 아동기에서 청소년기를 지나면서 조현증을 진단 받았고, 적절한 치료 시기를 놓쳐서 만성 정신질환 상태에 놓이게 된 것이지요. 그래서 성인기가 되기 전부터 정신병원에서 살다가 그 정신요양시설로 옮겨지게 된 것입니다.

종현 씨와 기만 씨를 괴롭히는 환시, 환청, 망상의 주인공들은 다름 아닌 어린 시절 동화에서 본 사람과 그리스 로마 신화 속에 나오는 유명한 신들이었습니다. 누군가에게는 즐거운 상상을 자극하던 무언가가, 누군가에게는 무섭게 명령하고, 말 안 들으면 때리고 괴롭히는 무언가가 되어 있는 것이었지요.

상담을 마치고 먹먹해지는 가슴을 한참 부여잡고 있어야 했습니다. 두 청년에게 따뜻하게 손 내밀면서 "세상은 살 만한 곳"이라고, "그러니 얼른 이 시설에서 나와서 좋은 사람들, 좋은 공동체에서 자립 생활을 시작해 보자"고 말할 수 없는 것이 이 사회임을 잘 알고 있기 때문이었습니다.

"선생님이 하루 세 번 약을 줘서 치르치르와 미치르가 이제는 너무 심하게 괴롭히지 않아서 좋아요."

히죽 웃으며 방으로 돌아가는 종현 씨를 보며, 돌아서는 발걸음이 너무나 무거웠습니다. 무력감에 몸서리쳤습니다. 이제 막 이십 대 중반을 넘어선 두 청년은 과연 이 시설을 벗어날 수 있을까요? 몇 살까지 여기에서 살게 될까요?

길을 잃어도 다시 찾을 수 있게

영화 〈밀양〉 속 신애는 낯선 곳에 새 삶을 꾸렸습니다. 남편이 갑작스럽게 죽은 후, 삶의 한순간 한순간이 무겁게 느껴지곤 했습니다. 그래서 아들에게 항상 따뜻하게 대하기가 힘들었지요. 그래도 신애는 최선을 다해 아들을 사랑으로 키웠습니다.

아들이 살해당하고 삶의 의미를 찾지 못하며 괴로워하던 신애에게 모든 고통을 다 해결해 줄 것처럼 다가왔던 종교도 더 큰 상처가 됩니다. 이런 일을 겪으면서 신애는 하늘을 노려보며 분노를 표현하는 일이 많아지죠.

마음이 무너진 어느 날 밤, 신애는 집에 돌아와 얼음으로 얼굴을 문지르고 집의 불을 환하게 켜고 조용히 앉아 사과를 깎아 먹습니다. 그러다 다시 하늘을 노려봅니다. 그러고는 결심이나 한 듯이 제 손목을 칼로 꾸욱 찌릅니다. 신애는 피가 주륵주륵 나오는 그 손목을 내려보다가 다시 무슨 힘이 났는지 힘을 다해 일어나 거리로 나옵니다. 그리고 지나가는 사람들에게 애원합니다.

"제발 살려 주세요."

신애는 그 일로 정신병원에 입원하게 되었지요. 퇴원할 때는 평소 신애 곁을 맴돌면서 신애를 지지해 주던 종찬이 신애를 데리러 왔습니다. 돌아오는 길에 머리를 자르고 싶다고 하는 신애를 데리고 아무 미용실이나 들어갔더니 아들을 살해한 범인의 딸이 그 미용실에서 일하고 있습니다.

그 반갑지 않은 우연에 자르던 머리 그대로 미용실을 뛰쳐나온 신애는, 집으로 돌아와 마당에 앉아 스스로 나머지 머리카락을 가위로 서걱서걱 잘라 봅니다. 혼자 거울을 보며 어렵사리 머리를 자르는 신애를 본 종찬은 선뜻 "내가 들어 줘도 되겠지예?" 하며 거울을 신애의 얼굴 앞으로 들어 줍니다. 신애는 고맙다는 말도 없이 무표정하게 그 거울을 보며 머리카락을 잘라 나가지요. 카메

라는 그런 신애를 지켜보다가, 그 거울에 반사된 빛을 따라가다가, 마당 끝 햇살 한무더기를 비추며 영화가 끝이 납니다.

저는 이 장면이 두고두고 잊혀지지 않습니다. 영화 〈밀양〉에 나온 도시 '밀양'은 한자로 '密陽', 영어로 'secret sunshine'입니다. 신애에게 '숨겨진 햇빛', '비밀 햇빛'은 무엇이었을까요? 세상 사람들이 "자살하려고 했던 정신이상자", "정신병원 갔다 온 이상한 여자"라고 수군대던 신애에게 도대체 어떤 햇빛이 깃들 수 있을까요?

사람의 마음에는 수많은 길이 있다고 합니다. 신애는 나름대로 최선을 다하여 그 길을 헤쳐 나가는 평범한 사람이었고요. 고군분투하다가 삶을 그만 놓고 싶었을 때도, 주변 사람들의 도움으로 다시 한걸음 한걸음 걸어갑니다.

어쩌면 신애에게는 '따뜻한 마음으로 들어 준 거울을 통해 나온 햇빛 조각'이 계속 마음의 길을 걸어갈 수 있는 비밀 햇빛이 되었던 건 아닐까요.

다시 종현 씨와 기만 씨를 생각합니다. 그 두 청년은 영화에 나오는 사람이 아닌 우리와 함께 현재를 살아가고 있는 사람입니다. 신애와 달리 그 청년들은 어쩌면 할아버지가 될 때까지 그 시설에서 살게 될지도 모릅니다.

2015년 「보건복지부」의 정신요양시설 59개소에 대한 '정신요양

시설 장기 입원자 현황'에 따르면 2014년 말 기준 장기 입소자 1만 693명 중 40년 이상이 28명, 30~40년 618명, 20~30년 1,600명, 10~20년 3,119명이라고 합니다. 10년 이상 장기 입원한 환자가 전체 환자의 50.2퍼센트에 달한 것으로 조사되었습니다. 특히 30년 이상 장기 입원 환자는 646명으로, 교도소에 30년 이상 수감된 수형자 15명에 비해 43배나 많은 수였습니다.

세상 누구라도 마음의 길을 잃어버리는 때가 올 수 있습니다. 삶을 그만 놓고 싶을 때도 한번쯤 찾아옵니다. 그럴 때 내 옆에 누군가가 무심코 짐을 나눠 들어 줄 때 마음에 비밀 햇빛이 스을쩍 들어오게 될지 모릅니다. 그리고 그 소중한 누군가는 매일 같은 사람들과 갇혀 지내며 통제된 생활을 해야 하는 시설보다는, 다양한 시도와 활동이 가능한 지역사회에서 여러 모습으로 나타날 가능성이 높습니다.

지금도 시설 속에서 하루하루를 지내고 있을 종현 씨와 기만 씨에게 얼른 그 비밀 햇빛이 나타나길 소망해 봅니다.

9.
사회봉사에도 자격이
필요한가요?

— ＜헬프＞ 속 화장실 자격,
장애인의 사회봉사 자격

영미 씨는 전동 휠체어를 타고 다니는 지체장애인입니다. 영미 씨는 장애인 단체에서 장애인 인권 활동을 하고 있습니다. 동글동글 초롱초롱 눈망울이 아주 인상적인 분이지요.

그런 영미 씨에게 오랜만에 전화가 왔습니다.

"변호사님! 제가 이렇게 하지 말아야 할 것이 많은 사람이라는 것을 오늘 처음 알았네요!!"

화가 많이 난 것 같았습니다.

"제가 사는 곳의 시장님이 얼마 전에 장애인들에게 큰 부담이 되는 정책을 굳이 하시겠다고 밀어붙이시는 거예요. 그래서 저랑 여러 명의 장애인 활동가들이 시장님 면담을 하겠다고 시청을 찾아갔어요. 그때 시장 면담 못 하게 막는 공무원들과 실랑이가 있었거든요. 근데 그 일로 벌금이 3백만 원이나 나왔어요."

장애인 인권 활동 현장에서 자주 생기는 일이었습니다.

"재판을 받고 벌금이 나왔어요. 이 큰돈을 어떻게 내나 싶더라고요. 그런데 변호사님도 잘 아시다시피 저희 활동가들은 최저임금도 안 되는 급여를 받으면서 일하기 때문에 사실 생활비도 모자란 형편이잖아요. 벌금 3백만 원 다 내려면 1년 내내 걸릴지도 몰라요. 그런데 벌금을 안 내면 교도소에 갇힐 수 있지 않나요?"

"네 그렇죠. 벌금을 받았는데 아무 이유 없이 안 내면 지명수배가 내려지고, 그러다가 체포되면 노역장에 유치되죠. 그래서요?"

"제가 하체를 전혀 못 움직이기 때문에, 노역장에 유치되면 안 되잖아요. 구치소나 교도소에서는 장애인을 위한 편의 시설이 없거나 너무 열악해서 들어간 지 몇 시간 만에 욕창이 생기기도 쉽고요. 며칠 만에 건강이 급격히 안 좋아져서 구급차에 실려 나온 경우도 봤어요. 그래서 사회봉사 제도에 대해 좀 자세하게 알아봤어요."

사회봉사 명령은 유죄가 확정된 피고인에게 무보수로 일정 기간 동안 지역사회를 위한 다양한 봉사 활동을 하도록 하는 제도입니다. 우리나라에서도 활발히 시행중이지요.

벌금을 내기 힘든 장애인을 위한 별도의 사회봉사 프로그램이 있다는 이야기는 저도 들어 본 적이 없습니다. 그래도 노역장에 유치되어 구치소나 교도소에 갇혀 지내는 것보다는 사회봉사가 건강상 안전할 것 같았어요. 형을 이행하는 효과도 훨씬 더 나아 보였습니다.

"사회봉사는 관할 검찰청에 신청해야 하는데, 신청서 한번 내보실래요?"

"변호사님, 안 그래도 지금 신청서를 내고 오는 길인데요. 너무 억울한 일을 당했어요. 글쎄 거기 신청서를 접수하는 사람이 휠체어를 타고 온 저를 위아래로 한번 쭉 훑어보더니 얼굴 표정을 훅 일그러뜨리면서 '어차피 신청하셔도 안 될 것 같은데요?' 그러는 거 있죠!"

이게 무슨 소리인지 깜짝 놀랐습니다.

"어? 그건 말이 안 되는데요? 영미 씨가 낸 신청서를 검찰청 검사님이 법원으로 보내면 영미 씨가 사회봉사로 벌금을 대체할 수 있는지 여부는 그 신청 사건을 담당하는 판사님이 판단하시거든요. 그 사람이 무슨 근거로 그렇게 기분 나쁘게 말을 했는지 알 수가 없네요?"

그렇게 일단 화를 진정시켜 드리고 결과를 기다리기로 하였습니다. 그런데 얼마 지나지 않아서 영미 씨가 낸 사회봉사 신청이 기각되었다는 소식을 들었습니다. 기각 결정문을 받아 보니 이렇게 적혀 있었습니다.

"이 사건 청구는 이유 없으므로 기각한다."

'같은 화장실을 쓸 수 없다'고 말해도 되는 사회

1963년의 미국 남부 미시시피 잭슨 지역을 배경으로 한 영화 〈헬프〉가 떠올랐습니다. 지금으로부터 50년 전쯤이네요. 그 시절 그 지역에서는 흑인 가정부를 두고 귀족 행세를 하는 백인 "싸모님"들이 많았습니다. 돈 많은 남자와 결혼해 정원과 가정부가 딸린 집의 안주인이 되어 그들만의 사교 놀이에 빠져 지내는 그 백인 사모님들은 자신들의 엄마가 그랬던 것처럼 아기를 낳기만 하고 키우지는 않았습니다. 자신이 낳은 아기를 흑인 가정부가 키우는 것을 너무나 당연하게 여겼지요.

그런데 그 영화에는 젊은 백인 사모님들과는 조금 다른 삶을 선택한 여자 주인공 스키터가 나옵니다. 부잣집 귀하디귀한 딸로 태어나 흑인 가정부에게 길러졌던 스키터는 학창 시절 함께 지내던 친구들과 달리 큰 도시의 대학으로 진학합니다. 작가가 되고 싶었던 스키터는 대학 졸업 후 고향으로 내려와 지역 신문사에 취직합니다. 그런데 대필을 맡게 된 신문 칼럼이 하필이면 살림 정보 칼럼인 겁니다. 스키터는 전혀 살림을 해 본 적이 없었죠. 그래서 부득이하게 친구의 흑인 가정부 에이블린에게 살림 정보를 알려 달라고 부탁을 하면서 이야기를 나누게 됩니다.

그러다가 돌아가는 상황이 좀 이상한 것을 느낍니다. 그 지역 유력가의 아내가 된 힐리가 유난히 흑인 가정부와 백인이 함께 변기를 쓰는 것을 못마땅하게 여기는 것을 알게 되었습니다. 흑인 가정부가 몰래 자신의 변기를 썼다는 이유로 부당해고를 서슴지 않던 힐리는 나아가 '흑인은 백인과 같은 변기를 쓰지 못한다!'는 내용의 자치 법규까지 발의하여 통과시킵니다. 이 사건을 곁에서 지켜보며 스키터는 어느 누구도 관심 갖지 않았던 그 시절 자신의 주변 흑인 가정부들의 인생을 책으로 쓰는 일을 시작하게 됩니다.

영화를 보는 내내 참 궁금했습니다. 힐리는 어떻게 '흑인이 백인과 같은 변기를 쓰면 안 된다', 즉, '흑인은 백인과 같은 변기를 쓸 자격이 없다'는 생각을 당당하게 드러낼 수 있었을까? 그 자신만의 오만한 기준으로 오랜 시간 가족을 위해 헌신한 흑인 가정부를 아무렇지도 않게 해고하고, 법까지 만들 생각을 했을까? 하고 말이죠.

영미 씨가 겪었던 일은 이 영화 속 변기 사건을 떠올리게 했습니다. '장애인은 사회봉사를 할 수 없다'고요? 대체 그런 기준은 누구의 머리에서 나온 생각일까요? 영미 씨도 저도 도저히 받아들일 수 없었기에 이 사건은 적극적으로 싸워야겠다는 생각이 들었습니다. 장애인 단체도 함께 공분했습니다. 그래서 사회봉사 명령 신청을 기각한 법원의 결정에 대하여 「국가인권위원회」에 장애인 차별이라며 집단 진정을 내기도 하였습니다.

저는 사회봉사 명령 신청 기각 결정을 항고해 보기로 하였습니다. 1심 판결을 다시 판단해 달라고 하는 것을 '항소抗訴'라고 하고, 1심 결정을 다시 판단해 달라고 하는 것은 '항고抗告'라고 합니다.

항고 이유서에는 "영미 씨는 하반신 장애로 휠체어를 이용해 이동하는 것을 제외하면 사회봉사 명령을 성실히 이행할 신체적 능력과 의지가 충분히 있는 사람입니다. 그럼에도 사회봉사 신청이 기각된 것은 '장애인차별금지 및 권리구제 등에 관한 법률(줄여서 장애인차별금지법)'에서 금지하고 있는 차별입니다."라는 주장을 담았습니다.

사회봉사 명령의 근거가 되는 법률은 '벌금 미납자의 사회봉사 집행에 관한 특례법(줄여서 벌금미납자법)'이라는 긴 이름의 법입니다. 이 법을 들여다보면 "질병이나 그 밖의 사유로 사회봉사를 이행하기에 부적당하다고 판단되는 경우"에는 사회봉사를 허가하지 않도록 규정하고 있습니다. 한편, "사회봉사를 신청하는 해당 벌금에 대하여 법원으로부터 사회봉사를 허가받지 못한 사람"은 이후에 다시 사회봉사 신청 자체를 할 수 없다고 되어 있습니다.

영미 씨는 이 법률 내용에 대한 자세한 설명을 듣다가 허탈한 웃음을 지으며 말했습니다.

"허허, 변호사님. 그럼 이 법에 따르면 질병을 가진 '환자'보다 더 심한 것으로 보이는 '장애인'에게는 사회봉사 허가를 할 수도 있고 안 할 수도 있는 것이 아니라 아예 허가를 '안 하는 것'이 당연하겠네요? 그리고 한 번 신청했다가 받아들여지지 않은 장애인은 다시 신청조차 못 하게 해 놓은 것이네요? 이건 정말 너무한 거 아니에요?"

"네, 지금 말씀하신 법 해석상의 문제에 대해서도 항고심 판사님께 자세히 적어서 제출했어요. 그런데 차별이라고 주장하는 것만으로는 좀 부족할 것 같으니 우리 조금 더 힘내 볼까요?"

장애인에게도 사회봉사를 허하라!

영미 씨에게 혹시 주변에 사회봉사를 신청했다가 받아들여진 동료나 지인이 있는지 알아봐 달라고 하였습니다. 또 벌금을 대체하는 의미의 사회봉사자를 받아 주는 장애인 관련 기관이나 단체가 있는지도 알아봐 달라고 했습니다. 있다면 그 기관에 연락을 해서 영미 씨의 상태를 말해 보라고요. 영미 씨 상태를 듣고도 사회봉사가 가능하다고 답변을 주는 곳이 있는지 알아야 했습니다. 얼마 뒤 영미 씨의 반가운 전화가 왔습니다.

"변호사님! 저랑 같이 일하는 다른 활동가가 저와 비슷한 장애를 가지고 있는데요, 이번에 그 활동가는 사회봉사 신청이 받아들여졌어요!"

정말 기쁜 소식이었습니다. 그 활동가의 동의를 받고 사회봉사를 허가해 준 결정문을 입수했습니다.

"변호사님! 지난번에 알아보라 하신 것 말이에요. 제가 사는 곳 주변 장애인 단체나 기관 중에 장애인 사회봉사자를 받겠다고 하는 기관이 있어요. 연락이 왔더라고요. 작은 복지관인데요. 제가 하체를 사용하지 못하는 장애인이라는 것에 집중하지 않고 오히려 제 장점을 집중해서 봐 주시더라고요. 제가 장애인 인권 활동을 하면서 가지고 있는 인권 감수성을 바탕으로 그 복지관을 이용하는 장애인들에게 책 읽기나 동료 상담 등을 사회봉사로 하면 좋겠다고 연락을 주셨어요!"

"바람직하고 올바른 관점을 가진 기관이군요! 그럼, 번거로우시 겠지만 그 답변을 문서로 받아 주시면 감사하겠습니다."

이 모든 내용들을 잘 정리해서 항고심 재판부에 제출했습니다. 그리고 하루 이틀 노심초사하며 결정이 나기를 기다렸습니다.

그렇게 한 계절을 보내고 새 계절이 찾아올 무렵, 법원에서 우 편물이 도착했습니다. 법원 이름을 보고 항고심에 대한 결정문임 을 직감했습니다. 떨리는 마음으로 결정문을 열어 보니 이렇게 적 혀 있었어요.

"원심 결정을 취소한다. 신청인에 대한 허가 대상 사건의 벌금 미 납으로 인한 노역장 유치는 사회봉사로 대체하여 집행한다."

와우! 저희의 항고가 받아들여진 것이지요.

이 기쁜 소식을 얼른 영미 씨와 공유했습니다. 그리고 결정문을 천천히 읽어 보는데 이런 표현이 있었습니다.

"신청인이 비록 장애인이긴 하나 육체적 노동이 아닌 다른 형태 의 사회봉사를 이행할 능력과 의사가 있음을 나타내고 있고, 신청 인을 노역장에 유치하는 것보다는 사회봉사를 이행하게 하는 것이 벌금미납자법 입법 취지에 더 적절한 것으로 보인다. (…) 신청인

에 대하여 사회봉사를 허가함이 타당하다.”

영화〈헬프〉속에도 여러 흑인 가정부가 나옵니다. 그중 에이블린은 평생 여러 백인 저택의 가정부로 일하면서 백인 아이 열일곱명을 키웠습니다. 영화가 끝나고도 잊히지 않는 에이블린의 따뜻한 한마디가 있습니다. 백인인 친엄마에게 항상 무시당하고 홀대받던 아이를 향해 늘 해 주던 말이었죠.

“넌 친절하고, 똑똑하고, 소중한 사람이란다.”

누구도 상대방에게 ‘넌 자격이 없어!’라고 말할 권리는 없습니다. 영미 씨와 제가 항고심 결정문을 받고 기뻤던 이유는 ‘벌금을 내지 않아도 돼서’가 아니라, ‘장애인도 얼마든지 사회봉사를 할 자격이 있다’는 것을 인정받았기 때문이었던 것 같습니다.

BEST MENU

10.
'원칙' 같은 소리 하고 있네

— 〈나, 다니엘 블레이크〉 이야기

일을 하면서 수많은 '수급자' 장애인들을 만납니다. 일반적으로 '수급자'라는 말은 '국민기초생활보장법'이라는 법을 통해 나라에서 생계 급여 등을 지원 받는 사람을 말합니다. 장애인은 취업해서 독립적인 경제생활을 하기 어려운 현실이라, 이 법에 따른 수급비(생활비)를 매달 통장으로 받아 최소한의 생계만 유지하며 지내는 경우가 많죠.

그마저도 장애인 거주 시설에 살고 있는 장애인들은 '시설 수급자'로 분류되어 그 수급비가 '시설 통장'으로 입금되기에, 자신에게 나라에서 돈이 나오고 있다는 것을 모르고 지내는 분들도 허다합니다.

"변호사님, 큰일 났어요. 저희 시설에 살고 있는 민규를 갑자기 부모님이 데리고 가신다고 하는데, 가면 안 될 것 같아서요."

평소 '장애인은 시설이 아닌 지역사회에서 비장애인과 함께 생활해야 한다.'는 신념을 가지고 있기에, 갑작스런 시설의 하소연에 고개가 갸우뚱했습니다.

"장애인이 자기 의지로 시설을 벗어나 지역사회에 사는 일은 좋은 것인데, 왜 안 된다고 하시는 건가요?"

그랬더니 뜻밖의 이야기를 듣게 되었습니다.

"민규가 집에 가면 지금 민규 통장에 있는 거금이 모두 없어질 것 같아요. 그리고 다시 학대를 받을 것 같기도 하고요."

아무래도 사안이 심각한 것 같아서 오랜 시간 통화를 하면서 자세히 물어보았습니다. 상황을 정리하면 이랬습니다.

그 보호자가 갑자기 '보호'를 주장한 까닭

자폐성장애 1급인 민규 씨는 스물다섯 살입니다. 의사소통이 어렵지요. 시설에 살게 된 것은 십 년 정도 됩니다. 그런데 시설에 온 사연이 정말 가슴 아팠습니다.

민규 씨의 친엄마는 지적장애인인데, 민규 씨의 친아버지가 사고로 돌아가신 이후 어머니가 어떤 남자와 동거를 시작하면서 문제가 생긴 것이죠.

"민규가 갓 열 살 지났을 때, 엄마 동거남에게 폭력과 성학대를 여러 번 당했어요. 우연히 학교 선생님이 성학대 정황을 발견한 후, 바로 가해자와 분리되었거든요. 그 남자는 구속되어서 몇 년을 감옥에서 지냈다고 하더라고요."

판결문을 읽어 보니 범죄 사실이 심각했습니다. 그 일로 민규 씨는 심리치료뿐 아니라 성학대로 인한 상해를 수술해야 했죠. 며칠 후 민규 씨를 만나서 이야기를 나눠 보고 다른 자료들도 검토해 보니 시설에서 알려 준 내용들이 사실이었습니다. 그런데 궁금해졌습니다. 왜 가해자는 갑자기 민규 씨를 집으로 데리고 가려는 것일까요?

"민규가 작년에 시설 옥상에 올라갔다가 실수로 떨어졌어요. 온몸을 크게 다쳐서 큰 수술도 여러 번 하고 거의 일 년 가까이 입원해 있었어요. 그 일로 저희 시설에서 가입해 놓은 안전사고 보험금이 1억 원이 넘게 나왔거든요. 그 돈이 지금 민규의 수급비 통장에 입금되어 있어요. 가해자가 그걸 알고는 날마다 민규를 데리고 가겠다고 찾아오는 거예요."

민규 씨는 가해자가 누구인지, 자신이 어떤 피해를 입었는지 기억하지 못했습니다. 그저 엄마와 살고 싶은 본능적인 욕구가 큰 상태였죠. 가해자는 민규 씨가 그런 상태라는 것을 알고 날마다 민규 씨 엄마를 함께 데리고 와서 "자기를 따라나서면 엄마와 살게 해 주겠다"고 하는 중이었습니다. 그러면서 시설 퇴소 이후에는 자신이 민규 씨 통장을 관리하겠다고 합니다.

반드시 막아야만 하는 현실이지만 법은 생각보다 무력했습니다. '사회복지사업법'상 시설에 거주하는 장애인이 본인의 의사로 퇴소를 요구하면 시설은 그 퇴소 절차를 거절할 수 없습니다. 그리고 퇴소 후에 장애인이 자신의 통장을 다른 사람에게 넘겨주어도 법적으로는 일단 유효합니다. 장애인이 자기 뜻으로 그리한 것이라면 말입니다. 만 열아홉 살이 넘은 민규 씨에게 별도의 후견인 선임 결정이 없는 이상, 민규 씨는 '행위능력자'*이기 때문이죠.

---

* 행위능력자 : 단독으로 완전히 유효한 법률 행위를 할 수 있는 지위 또는 자격. 민법에 따라 만 19세가 넘으면 부여된다.

머리를 쥐어짜면서 법률을 뒤적이다 보니 2015년 말부터 시행된 '발달장애인 권리보장 및 지원에 관한 법률(줄여서 발달장애인법)'이 떠올랐습니다. 그 법에는 발달장애인의 계좌를 관리할 수 있는 '계좌 관리인' 제도가 마련되어 있거든요. 발달장애인이라도 원칙은 스스로 자신의 계좌를 관리해야 하지만 스스로 관리할 수 없을 때는 가족 등 보호자가 대신 계좌 관리인이 되는 제도입니다. 그런 보호자조차 '없는' 경우에는 지방자치단체장이 지정하는 사람(주로 사회복지 전담 공무원)이 계좌 관리인이 될 수 있었습니다. 얼른 구청에 전화를 걸었습니다.

"민규 씨는 어머니가 지적장애인입니다. 그리고 의붓아버지라고 주장하는 자는 민규 씨에게 심각한 학대를 가한 가해자입니다. 그 일로 형사 처벌까지 받은 사람입니다. 이 경우는 발달장애인법상 보호자가 '없는' 경우에 해당되는 것으로 봐서 구청의 사회복지 전담 공무원이 계좌 관리인이 되어야 합니다."

그렇지만 구청의 답변은 실망스러웠습니다.

"변호사님, 저희도 심정적으로는 이해가 되나, 생물학적인 어머니와 호적상의 아버지가 있는 이 상황을 '보호자가 없는' 경우로 해석하는 것은 어렵죠. 저희가 임의로 그렇게 법률을 해석하는 건 부담스럽습니다. 선례도 없는 사안이고요."

구청의 입장은 생각보다 완강했습니다. 원칙이 우선이라 했습니다. 민규 씨의 경우는 특별히 예외적인 사안이라고 해석하기 부담스럽다는 것입니다.

자존심을 잃으면 다 잃는 것

그러고 보니 영국에서 비슷한 일을 겪었던 한 남자의 이야기를 담은 영화가 떠올랐습니다. 〈나, 다니엘 블레이크〉라는 영화입니다. 심장질환으로 직장에서 갑자기 쓰러져 일을 못 하게 된 주인공 다니엘 블레이크는 국가에 질병 수당(몸이 아파 일하지 못하는 사람들에게 급여를 대신하여 생활비를 주는 제도)을 신청합니다. 병원에서는 '일을 하지 말고 약을 계속 먹으면서 치료를 받아야 한다.'고 했기 때문에, 별일 없이 통과될 줄 알았던 질병 수당 신청은 뜻밖에 거절당하고 맙니다.

질병 수당 기각 통지서가 우편으로 도착한 날, 다니엘은 왜 기각이 되었는지 물어보려고 전화를 겁니다. 낭랑한 클래식 통화 대기음 속에 "모든 상담원이 통화중이니 잠시만 기다려 주십시오."라는 안내 멘트만 반복되죠. 한 푼이 아쉬운 다니엘은 전화 요금 폭탄이 두려웠지만, 어쩔 수 없이 기다리고 또 기다립니다. 그렇게 1시간 48분이나 기다리다가 겨우 상담원과 전화가 연결되었습니다.

"질병 수당을 받기 위한 기준에서 '3점'이 모자라서(3점만큼 건

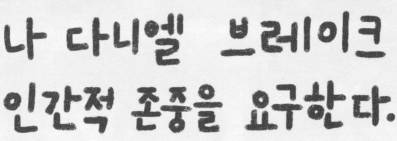

나 다니엘 브레이크
인간적 존중을 요구한다.

강해서) 기각"이라고 합니다. 신청 기각 결정에 대하여 항고를 하고 싶다고 하니 "재심사부터 다시 받으라"고 합니다. 그런데 항고 신청을 하려면 심사관이 '직접 거는' 전화를 받아야 한답니다. 다니엘이 "이미 편지로 신청이 기각된 것을 받았기에 또 전화로 통보해 줄 필요 없이 바로 항고하고 싶다."고 해도 무조건 "심사관의 전화를 받아야 항고가 진행된다."는 원칙만 이야기합니다.

너무나 답답한 나머지 다니엘은 그냥 직접 사무실을 찾아가기로 합니다. 거기서도 똑같은 답변만 들으며 "예약 없이 왔으면 돌아가시라"는 푸대접만 받고 돌아옵니다. 그러는 중에 여덟 살, 여섯 살쯤 되는 남매를 데리고 온 젊은 엄마가 상담원에게 항의하는 걸 보게 됩니다. 상담원은 그 여성이 공격적이라며 보안팀을 불렀습니다. 아이들 엄마의 이야기를 들어 보니 이렇습니다.

아이들 엄마는 이 지역으로 이사 온 지 얼마 되지 않아 지리를 잘 몰랐고, 버스를 잘못 탔다고 했습니다. 그래서 약속 시간에 조금 늦었지요. 당장 내일 새 학교에 입학해야 하는 아이도 있는데, 수중에 돈이 한 푼도 없는 상황이었죠. 엄마는 "조금 늦은 것이니 제재 대상에 포함시키지 말고 상담을 해서 지금 필요한 지원을 해달라."고 애원합니다. 보안팀 담당자는 무표정한 얼굴로 이렇게 말하지요.

"정시 출석은 신청자의 의무 사항입니다. 늦게 도착했으니 원칙대로 할 수밖에 없습니다."

이 장면을 보고 참을 수 없었던 다니엘은 인정머리 없이 그러지 말라고 따졌습니다. 그러나 "당신과 상관없는 일이니 조용히 하라!"는 핀잔만 듣게 됩니다. 그러고는 "모두 나가지 않으면 경찰을 부르겠다."는 소리를 듣고 쫓겨납니다.

다니엘의 옆집 청년이 이런 말을 했습니다.

"그게 바로 바닥을 치게 하려는 게 놈들 작전이죠. 수당 포기자도 많아요."

우여곡절 끝에 모든 생계 수단이 막혀 길바닥에 나앉을 상황까지 가고 만 다니엘은 결국 생계 수당 신청을 포기합니다. 상담원이 포기를 만류하지만 다니엘은 고심 끝에 이런 말을 하죠.

"사람이 자존심을 잃으면 다 잃은 겁니다."

'원칙'의 늪에 빠지면

법과 원칙만으로는 해결되지 않는 사각지대가 있습니다. 사각지대로 끌려 들어가는 많은 사람들은 그 과정에서 큰 자괴감을 경험합니다. 민규 씨의 사건도 이런 상황이었습니다. 법에 분명히 피할 길이 있는데 원칙상 안 된다는 말로 실행을 못 하는 답답한 현실은 영화만이 아니라 현실에도 있었습니다.

그렇다고 좌절만 하고 있기에는 사안이 긴박했습니다. 우리 쪽에서도 원칙적으로는 일단 '계좌 관리인 지정 신청'을 해 보고, 신청이 거부되는 것을 기다렸다가 그 거부 처분에 대하여 행정소송을 제기하는 방법을 생각해 볼 수는 있었습니다. 그러나 당장 내일이라도 민규 씨가 엄마 보고 싶다며 퇴소해 버리면 아무 소용 없는 일이었습니다. 짧으면 몇 개월, 길면 몇 년이나 걸리는 행정소송 결과를 기다리기에는 너무 시간이 없었습니다. 그래서 이 법률의 소관 부처인 「보건복지부」에 '법령 해석에 관한 질의서'를 작성하여 공문으로 보내 보기로 하였습니다.

"이 사례의 당사자인 발달장애인 김민규의 권익을 실질적으로 옹호하고, 발달장애인법 본래 입법 취지를 구현하기 위해서는, 이 사례에 발달장애인법 제21조 제2항의 '보호자가 없는 때' 규정을 적용하는 합목적적인 해석이 필요합니다."

그러고 나서 언제 공문에 대한 회신이 올지 하루하루 노심초사였습니다. 보름쯤 지나서 드디어 「보건복지부」의 공문이 도착했습니다. 유권해석 질의서에 대한 회신서였습니다.

"발달장애인의 권리인 '계좌 관리 등'을 보호자가 대행할 수 있도록 규정하고 있는 것은 그 보호자가 발달장애인의 권리를 위해 적절한 행위를 할 수 있을 것을 기대할 수 있는 경우에 한하여 인정함이 입법 취지를 고려할 때 타당하므로, 지적장애로 스스로 의사를 결정할 능력이 충분하지 아니하다고 판단할 만한 상당한 이유

가 있는 경우에 해당하는 친모가 김민규의 보호자가 되기는 사실상 어려운 것으로 보입니다. 또한 김민규의 의붓아버지는 친모의 배우자로서 민법 등에 따라 친모의 계좌 관리인이 될 여지는 있는 것으로 사료되지만, 자동적으로 김민규의 보호자 지위가 당연 승계되는 것이 아니므로 사안의 경우 김민규는 보호자가 없는 경우에 해당한다고 봄이 타당할 것으로 사료됩니다."

말이 많이 어렵지요? 이 회신서의 내용을 쉽게 풀어 보면 이런 말입니다.

"발달장애인법상 계좌 관리인 제도는 발달장애인의 권리 보호에 맞게 해석되어야 합니다. 이 사안에서 김민규의 어머니는 지적장애인이기 때문에 김민규의 계좌를 관리할 보호자가 되기 어렵습니다. 김민규의 의붓아버지 역시 김민규의 어머니의 보호자가 될 수 있을지는 몰라도 자동적으로 김민규의 보호자가 되는 것은 아닙니다. 그러니 김민규에게는 현재 발달장애인법상 보호자가 없는 것으로 해석하는 것이 맞으니 관할 자치구에 신청을 하여 사회복지 전담 공무원을 계좌 관리인으로 지정받으세요."

와우! 너무 기뻐서 쾌재를 불렀습니다. 질의서에서 주장했던 해석이 모두 받아들여진 것이죠! 그것도 불과 보름 만에 말입니다.

이 회신서를 받자마자 바로 민규 씨가 있는 시설에 연락을 했습니다. 「보건복지부」에서 유권해석을 내린 사안이었기 때문에 구청에서도 더 이상 '원칙'을 주장할 수는 없었나 봅니다. 그 다음부터는 진행이 일사천리였습니다.

민규 씨를 데려가겠다고 그렇게 열심히 찾아오던 가해자는 사회복지 전담 공무원이 민규 씨 통장을 관리한다는 소식을 듣더니 그만 발길을 뚝 끊었다 합니다. 어차피 집에 데려가 봤자 자기가 그 통장의 돈에 손댈 수 없다는 것을 알았던 것이지요. 지금 민규 씨는 별도의 성년 후견인이 선임될 필요 없이 사회복지 전담 공무원 계좌 관리 지원을 받고 있습니다. 성년 후견인이 선임되면 행위 능력 대부분이 없어지기 때문에 이 일로 민규 씨는 법률 행위 선택권과 안전한 계좌 관리 두 마리 토끼를 모두 잡았습니다.

내 계좌의 돈을 지키는 것이 누군가에게는 상식적이고 당연한 일이겠지만, 발달장애인에게는 여러 제도를 굽이굽이 넘어야 하는 일입니다.

민규 씨도, 그리고 영화 속 다니엘도 '원칙'이라는 높은 벽 앞에 좌절하지 않고, 시설이든 가정이든 지역사회든 발달장애인이 사는 그곳이 어디든 마음껏 삶의 선택권을 누리는 세상을 꿈꿔 봅니다.

함께생각 4
잘못된 법은 바꿔야지요

시골살이로 생계형 운전면허가 필요했던 저는 대입 시험을 마치자마자 바로 운전면허를 땄습니다. 1종 보통 운전면허를 희망했지만 어찌어찌 2종 보통 운전면허를 손에 넣었죠. 과연 운전은 신세계더군요. 왕복 세 시간 통학 버스에 혹사당하지 않아도 되고, 동생들을 학교에 태워다 주면서 언니 노릇도 톡톡히 할 수 있었으니까요.

그렇게 무사고 7년 운전 행진을 이어 가던 어느 날, 경찰서에서 웬 우편물이 왔습니다. 7년 무사고 운전이니 1종 보통 운전면허로 무상 업그레이드를 하라는 안내문이었죠! 사법연수원 2년차라 정신없이 바쁠 때였지만 무척 가지고 싶었던 1종 보통 운전면허를 간단히 취득할 수 있다기에 열일 제치고 운전면허시험장으로 향했습니다. 수수료 내고 서류 적어 내고 신체검사 받으면 끝이랍니다. 기대감에 일사천리로 진행하고 신체검사실로 들어간 후 시력 검사대 앞에 섰습니다. 한쪽 눈을 가리고 늘 하던 대로 이렇게 말했다.

"제가 오른쪽 눈은 없어요. 의안이거든요, 왼쪽 눈만 검사하시면 될 것 같아요."

그런데 갑자기 담당자가 짜증을 내며 서류를 북 찢는 겁니다. 저는 너무 당황해서 사색이 되었습니다. 저를 지켜보던 머리가 희끗희끗한 분이 저를 데리고 나오면서 이렇게 말합니다.

"1종 운전면허가 나오려면 양쪽 눈이 다 있어야 돼서요. 그래서 그런 거니 이해해 주세요."

"네? 그게 무슨 말씀이세요? 그럼, 이 안내문은 왜 보내신 건가요? 그걸 받고 온 건데요?"

"안내문이 잘못 간 것 같은데요. 법으로 안 되게 되어 있어요. 그냥 아까 내신 돈 환불받아 가세요."

몹시 당황스러웠지만 대기 중인 사람이 많아 일단 자리를 나왔습니다. 돌아와 얼른 법전을 펼쳤더니, 도로교통법에 따르면 '한 눈 시각장애인은 아예 1종 보통 면허시험에 응시조차 불가능'하더군요!

왜 그런 규정이 생긴 걸까요? 눈이 하나밖에 없다면 세상이 반쪽밖에 안 보일 거라는 편견, 한쪽 눈만큼 좁아진 시야를 가진 사람이 트럭 같은 큰 차를 몰고 다닌다면 도로가 위험해질 것이라는 무지가 버젓이 우리 법 안에 뿌리내리고 있었던 것입니다.

〈헌법재판소〉조차 '한쪽 눈이 안 보이면 시야가 반쪽'이라는 모 병원 의견서를 받아들여 이 규정을 합헌이라 한 적이 있습니다. 그렇지만 법과 제도를 제대로 바꾸는 힘은 꾸준한 두드림에 있습니다. 저는 그걸 잘 알고 있었지요. 그래서 시각장애인에 대한 부당한 편견도 바꿔 보기로 했습니다.

비슷한 피해 사례를 경험한 분들의 이야기를 담아 장애인 인권 단체와 함께 국회의원실에 도로교통법과 시행령 개정안을 발의했습니다. 이후에도 비슷한 내용의 법안이 발의되도록 꾸준히 지켜보고 연락했습니다. 그렇게 몇 년이 지나고 드디어 2016년 11월 30일부터 한 눈 시각장애인도 1종 보통 운전면허에 응시할 수 있게 되었습니다.

법과 제도를 바꾸는 일은 굉장히 큰 노력이 들거나 특별한 전문가만 하는 일이라고 생각하기 쉽습니다. 그렇지만 실제로 잘못된 법과 제도를 바꾸는 것은 세련된 법 지식에 달려 있는 것이 아닙니다. 삶에 대한 관심, 그리고 비슷한 문제를 고민하는 사람들과의 연대에 달려 있었습니다. 함께 웃고 함께 울면서 느리더라도 조금씩 바꿔 나가는 세상이 더 소중한 법입니다.

11.
중증장애인과 비장애인이
친구가 될 수 있을까?

— 〈언터처블〉 속 1퍼센트 우정의 실현 가능성

대개의 사람들은 '장애인'이라는 단어를 들으면 가장 먼저 휠체어를 떠올립니다. 그래서 장애나 장애인을 의미하는 표시에는 유독 휠체어 표지가 많이 쓰이는 것 같습니다.

우리나라 법률 중 장애인에 관한 기본법이라고 할 수 있는 장애인복지법에는 모두 15개의 장애 유형*이 나옵니다. 한자어로 되어 있다 보니, 아직도 지체肢體장애와 정신지체遲滯장애가 헷갈리는 사람도 많습니다. 지금은 '정신지체장애'라는 말 대신 '지적知的장애'라는 말로 바뀌었다는 걸 모르는 사람들도 많습니다.

처음부터 이 15개의 장애 유형이 법률에 들어온 것은 아닙니다. 지체장애를 시작으로 최근 신장장애, 장루장애, 안면장애 등 소수 장애로 분류되는 장애 유형까지 점점 확대된 것이죠. 이러한 장애 유형은 법이 만들어진 취지에 의해 임의로 구분된 것이기 때문에 법에 적혀 있는 장애 유형에만 국한해서 장애를 바라볼 필요는 없습니다. 법은 사회의 모든 면을 담기에는 작은 그릇이니까요. 그래서 장애인을 만날 때, "무슨 장애? 몇 급?"인지를 묻기보다는 그 사람이 가지고 있는 특성과 의사소통 방식에 더 집중하는 것이 중요합니다.

장애인복지법에서 규정하고 있지는 않지만 일반적으로 많이 사

---

* 1. 지체肢體장애인 2. 뇌병변장애인 3. 시각장애인 4. 청각장애인 5. 언어장애인 6. 지적장애인 7. 자폐성장애인 8. 정신장애인 9. 신장장애인 10. 심장장애인 11. 호흡기장애인 12. 간肝장애인 13. 안면장애인 14. 장루腸瘻·요루尿瘻장애인 15. 뇌전증장애

용하는 장애 유형 중 '척수장애'라는 것이 있습니다. 우리 몸에서 아주 중요한 역할을 하는 '척수'에 장애가 생긴 것을 말합니다. 척수는 척추 내에 위치하는 중추신경의 일부분으로, 뇌와 말초신경의 중간 다리 역할을 하는 곳입니다. 우리 몸의 감각, 운동신경들이 모두 포함되어 있죠. 척수는 다시 목척수, 등척수, 허리척수, 엉치척수로 구분되는데, 각 척수에 따라 영향을 미치는 신체 부위가 달라집니다.

박준용 씨는 퇴근길, 음주 운전 차량 때문에 큰 교통사고를 당했습니다. 안전벨트를 하고 있었기에 다행히 목숨은 건질 수 있었지만 척추가 부러지면서 등척수도 손상되었습니다. 혼수상태로 병원에 옮겨졌다가 깨어났지만 몸을 움직일 수가 없어서 위루관을 이용해서 영양을 공급받으며 생명을 겨우 유지했습니다.

그 이후 2년 동안 병원에 있으면서 수많은 수술을 받고, 열심히 재활 치료를 했습니다. 재활 치료가 끝난 이후에도 준용 씨는 하반신이 마비되어 휠체어를 사용해야만 했습니다. 불행 중 다행으로 두 손은 감각이 살아 있었습니다. 퇴원 무렵에는 수동 휠체어를 사용했지만, 점점 몸의 기력이 쇠하면서 전동 휠체어를 사용하게 되었죠.

그나마 준용 씨는 자신의 전문 분야를 잘 살려서 재취업도 하고 여전히 사회생활을 하고 있습니다. 회사를 다니는 것이 어려워 주로 재택근무 형태로 일하고 있지만, 여기저기서 찾는 사람이 많습니다. 그런 준용 씨에게 꼭 필요한 존재가 '활동지원사'입니다.

활동지원사와 동고동락

영화 〈언터처블 : 1퍼센트의 우정(이하 '언터처블')〉은 실화를 바탕으로 한 영화입니다. 이 영화의 주인공 필립은 남성 척수장애인입니다. 날씨가 궂은 날 무리하게 패러글라이딩을 하다가 3번과 4번 경추가 골절되어 목 아래 신경이 모두 마비되었지요. 그런 필립은 하루 24시간 내내 돌봐 주는 손길이 필요한 중증장애인이지만 돈이 '억수로' 많은 백만장자이기도 합니다.

그리고 다른 주인공 드리스는 신체가 건장하고 자유로운 성격의 다혈질 비장애인 남성입니다. 드리스는 가진 것이라고는 건강한 몸뿐인 무일푼 신세지요. 살면서 절대로 만날 것 같지 않은 공통점 제로의 두 사람은 필립의 활동지원사 채용 과정에 드리스가 '어쩔 수 없이' 지원하게 되면서 만나게 됩니다.

드리스는 정부 생활보조금을 받기 위해 활동지원사가 뭐하는 사람인지도 모르고 지원합니다. 세 번의 취업 면접 탈락 서류가 필요했던 드리스는 성의 없는 자세로 장난이나 치면서 면접에 임하죠.

그런데 웬일인지 필립은 거칠고 자유로운 드리스를 마음에 들

어 합니다. 그래서 "2주 동안 나의 손발이 되어 준다면 정식으로
채용하겠다."는 의외의 제안도 하게 되었고요.

　준용 씨도 활동지원사가 필요했습니다. 그런데 준용 씨가 퇴원
했을 당시만 해도 우리나라에는 활동지원사 제도가 없었습니다.
1990년대부터 신체적 또는 정신적 장애가 있는 사람 옆에서 다양
한 활동을 돕는 사람을 정부에서 양성하고 지원해 주는 나라가 점
차 늘어나기 시작했습니다. 이 제도를 한국에 도입하기 위해서 온
장애계가 연대하여 열심히 투쟁하였습니다. 그래서 만들어진 법
이 '장애인 활동지원에 관한 법률'이고요.
　준용 씨는 퇴원 후 일상생활을 이어 나가기 위해서 어쩔 수 없
이 막대한 사비를 들여서 간병인을 고용해야 했습니다. 지금의 요
양보호사 제도도 없었기에 여러 업체를 수소문해서 간병인을 구
했습니다. 그러다가 활동지원사 제도가 생기면서부터 준용 씨는
활동지원사 중개 기관을 통해서 연결된 활동지원사와 함께 생활
하고 있죠. 정부에서는 준용 씨의 활동지원사 비용 절반 이상을
지원해 줍니다.
　활동지원사는 간병 업체에서 파견되는 간병인과는 역할이 조금
다릅니다. 장애인 가정을 방문하여 신체 활동, 가사 활동, 이동 보
조 등을 하도록 되어 있습니다. 활동 지원이 필요한 장애인은 참
많은데, 실제 활동할 수 있는 활동지원사가 턱없이 부족하기 때문

에 준용 씨와 같은 중증장애인의 활동 지원을 원하는 활동지원사
는 거의 찾아보기 어렵습니다.

준용 씨도 서비스 신청을 한 후 몇 달을 기다려 가까스로 활동
보조를 해 줄 분과 만났습니다. 오랜 기다림 끝에 만났지만 그 활
동지원사는 준용 씨와 같은 중증장애인과 함께 생활해 본 적이 없
었기에 처음부터 준용 씨를 몹시 어려워했습니다.

준용 씨는 척수 손상으로 스스로 배변 활동을 할 수 없는 분입
니다. 특히 소변을 볼 때는 '넬라톤'이라는 방식을 통해 밖으로 배
출시켜야 합니다. '넬라톤'의 정식 이름은 '넬라톤카테터'입니다.
프랑스의 외과의사 A. 넬라톤이 창안한 카테터인데요. 경화고무
로 만들어져 적당한 탄력이 있는 이 카테터를 요도尿道를 통해 방
광에 넣고 소변을 임의로 배출시키는 것을 '넬라톤'이라고 부릅
니다.

준용 씨는 적어도 네 시간에 한 번은 넬라톤을 받아야 합니다.
그래서 활동지원사를 만난 첫날부터 넬라톤에 대해서 열심히 설
명했습니다. 준용 씨는 하반신에 아무런 감각이 없기 때문에 넬라
톤을 잘못하면 염증이 생기거나 방광을 다칠 수도 있습니다. 그러
면 병원 신세를 져야 하지요. 그래서 그동안 간병인을 통하여 받
아 왔던 넬라톤을 활동지원사에게 최대한 자세히 설명했던 것입
니다. 그런데 활동지원사는 이렇게 말합니다.

"넬라톤은 의료 행위라서 제가 하면 안 되는 일인 것으로 알고

있는데요? 정 넬라톤이 필요하시면 간호사를 따로 부르시던가 하세요. 저는 자신이 없어서 못 하겠습니다."

준용 씨는 숨이 턱 막히는 것 같았습니다.

장애인의 장애를 잊게 해 주는 친구

〈언터처블〉안의 드리스는 살면서 장애인을 거의 만나 본 적도 없는 것 같습니다. 중증장애인인 필립을 처음 만났을 때 "심하시네!" 하며 놀라기도 하죠. 빈민가에서 대식구에 치이며 자라왔던 드리스는 내 몸 하나 지키며 살아오기 바쁜 청년이었습니다. 그래서 필립과 함께 살게 된 이후에도 필립의 중증장애가 눈에 들어오지도 않습니다. 신기한 듯 필립의 몸을 거칠게 대하죠. 정말 아무 느낌이 없는지 알아보려고 다리 마사지를 하다가 뜨거운 물을 피부에 부어 보기도 합니다. 그런데도 필립은 드리스를 내치지 않고 지켜봅니다.

드리스와 필립이 처음 차로 외출하는 날, 드리스는 휠체어째로 필립을 실을 수 있는 장애인용 차량이 싫다고 합니다.

"이 차는 안 땡겨요, 사람을 짐짝처럼 짐칸에 신기 싫은데?"

그러면서 자기가 운전하고 싶은 날렵한 고급 세단에 시동을 걸죠. 필립과 미술관에 가서는 혼자만 날름날름 맛있는 초코볼을 먹

으면서 필립에게 "먹고 싶으면 뺏어 먹어 보라"며 장난도 칩니다. 목 이하로는 전혀 움직일 수 없는, 휠체어를 탄 필립에게 전화를 받아 보라며 전화기를 건네기도 합니다. 한밤중 원인을 알 수 없는 고통에 괴로워하는 필립을 번쩍 들어 휠체어에 태우고 파리의 밤거리를 구경시켜 주기도 하고, 만병통치약이라며 담뱃불을 붙여 필립의 입에 물려 주기도 합니다.

이러한 드리스의 행동을 필립 주변 사람들은 걱정합니다. 급기야 필립의 친구이자 변호사는 드리스의 뒷조사를 해서 "위험한 자니 해고하라"고 말합니다. "저런 거친 애들은 연민 따위 없다"면서요. 그런데 그 충고를 듣는 필립의 대답이 뜻밖입니다.

"바로 그게 마음에 들어. 내가 장애인이라는 걸 잊고 살게 해 주거든. 날 보통 사람처럼 대한다니까!"

준용 씨는 넬라톤 문제를 해결하기 위해 여러 방법을 알아보다가 법률 상담을 요청해 왔습니다. 활동지원사의 업무에 관한 내용은 「보건복지부」 소관이기 때문에 「보건복지부」에 질의를 보냈습니다. 준용 씨 이외의 많은 척수장애인들도 동시에 겪는 현실적인 문제였기에 활동지원사가 시행하는 넬라톤이 정말 불법인지 소관 부처의 유권해석이 필요한 사안이라 보여졌거든요.

질의서에는 '척수장애인에 대한 넬라톤이 화장실에서 소변을 보는 것과 같은 일상적인 신변 처리'이고 척수장애인 스스로 할 수 없기에 활동지원사에게 넬라톤을 받을 수 있도록 해야 한다고 적었습니다. 그런데 「보건복지부」에서 온 대답은 너무나 형식적이었습니다.

"귀하는 넬라톤에 대한 이용자의 욕구에 따른 활동 지원 서비스의 업무 범위에 대하여 질의 주셨습니다. 활동지원사의 의료 행위는 의료법에 위반되므로 활동 지원 서비스로 제공해서는 안 됩니다."

이 문제는 척수장애인들의 기본적인 생활과 직결되는 문제였기 때문에 이렇게 그냥 넘어갈 수가 없었습니다. 여러 장애인 단체들과 의견을 나누었고, 활동지원사의 넬라톤이 불법이라는 정부의 입장에 다양한 항의와 문제 제기가 이어졌습니다. 그렇게 몇 개월이 지났고, 「보건복지부」는 활동지원사 넬라톤 불법 여부에 관한 문제 해결을 위해 전문가 집단에 자문을 구했습니다. 그리고 나서 현실적인 필요성을 고려해서 활동지원사를 대상으로 한 넬라톤 교육을 하기로 결정했습니다. 작지만 큰 진전이었습니다.

준용 씨는 넬라톤 문제로 입원까지 고민해야 할 정도로 고생을 많이 했습니다. 활동지원사의 업무 범위에 관한 탁상공론이 이어지는 와중에 준용 씨라는 '사람'의 존엄성은 한없이 작아져야 했지요.

〈언터처블〉에서 필립이 했던 말이 생각났습니다. 필립은 지극히 사랑했던 25년지기 아내 앨리스를 먼저 떠나 보내고 얼마 후 사고로 중증장애인이 되었는데, "내 장애는 휠체어에 앉아 있는 것이 아니라, 앨리스 없이 사는 거다."라고 고백합니다.

사랑은 사람을 살게 하는 이유입니다. 따뜻한 사랑과 관심을 통해 인간으로서 존중받고 있다고 느낄 때 사람은 살 만하다고 느낍니다. 어쩌면 준용 씨도 활동지원사의 업무 범위를 법적으로 명확하게 따지려기보다는 사람이 그 자체로 존중받는 것이 얼마나 중요한지에 대하여 이야기하고 싶었을지 모릅니다.

장애에 대해 서툴고 무지했던 드리스가 오히려 필립의 아픔에 공감하고 그만의 방식으로 사랑을 표현했던 것처럼, 우리 주변의 누군가도 지금 그런 투박하지만 진실한 존중을 원하고 있지는 않을까요?

12.
일부러 그런 게 아니에요,
내겐 자연스런 일이에요

― 〈말아톤〉의 초원이와 얼룩말 엉덩이

우리나라 사람들에게 '자폐성장애'가 무엇인지 생각하게 해 준 영화가 있습니다. 바로 2005년 개봉했던 〈말아톤〉이죠.

"초원이 다리는?"

"백만 불짜리 다리!"

영화 〈말아톤〉은 선천성 자폐성장애인인 초원이와 엄마가 나누는 이 대사로 잘 알려져 있습니다. 조승우 씨의 명품 연기와 미소 덕분에 사람들 모두가 초원이를 사랑하게 만든 영화였습니다. 초코파이를 좋아하고 동물에 관심이 많은 초원이는 그중 특히 얼룩말을 참 좋아합니다. 그런데 공교롭게도 이 얼룩말 때문에 몇 가지 불미스러운 사건에 휘말립니다.

초원이가 엄마의 심부름을 나갔던 어느 날, 지나가는 여성의 얼룩무늬 핸드백을 보게 됩니다. 얼룩말 무늬만 보면 가만있지 못하는 초원이는 살며시 그 여성을 따라가 그 핸드백을 만져 보려 합니다. 그러다 날치기범으로 오해를 받아 지구대에 가게 되죠. 부랴부랴 소식을 듣고 초원이를 찾으러 온 엄마에게 지구대의 경찰은 "주의 좀 시키세요. 한두 번도 아니고."라고 이야기합니다. 이전에도 비슷한 일에 휘말린 적이 여러 번 있었다는 것을 알 수 있죠.

핸드백 주인은 짜증을 내면서 "상태가 저런 애를 그냥 밖에 내보내면 어떡해요? 정신병원이나 보호소 같은데 넣어야 하는 것 아니에요?" 하고 쏘아붙입니다. 이후 초원이 엄마는 이 핸드백 주인을 길에서 다시 만나 "잘 알지도 못하면서 함부로 그런 소리 하지 말라."고 단호하게 말하기도 합니다.

아들이 체포되었어요

자폐성장애는 '자폐 스펙트럼 장애Autism Spectrum disorder'라는 용어로 많이 불립니다. 자폐성장애는 하나의 특성으로 설명하는 것이 불가능한 장애 유형입니다 그래서 "백 명의 자폐성장애인이 있다면, 백 개의 자폐성장애가 있다."는 말이 있을 정도지요.

자폐성장애인들이 가지는 비슷한 특성이 있다면, 소리나 빛 등 외부 자극에 대체로 민감하게 반응한다는 것입니다. 영화 속 초원이도 긴장을 하거나 뭔가 불편하면 박수를 치며 입으로 "뿌르르르 ~ 뿌르르르~"소리를 내기도 하고, 안절부절 못하며 손가락을 빠르게 까딱까딱 하기도 합니다.

중증 자폐성장애인 아들을 키우는 어머니가 다급하게 전화를 걸어왔습니다. 아이 이름은 현민이였습니다.

"변호사님, 현민이가 얼마 있다가 군대에 가야 하는데, 검찰청에서 벌금이 나올 거란 연락을 받았어요. 어떡하죠?"

현민이는 일반 학교에서 어렵게 통합 교육을 마친 후 그 해 대학생이 된 새내기였습니다. 현민이가 가지고 있는 자폐성장애의 특성을 자세히 물어보았습니다.

"학습 능력이나 의사 표현력은 비장애인과 다를 바 없긴 한데, 사회성이 부족해서 다른 사람들과 어울려 지내기 어려워하고 특히 소리에 많이 민감해요. 게임기에서 나는 소리나 핸드폰에서 나는 벨소리 같은 전자 소리에 특히 예민하게 반응하고요."

상황을 더 자세히 파악하기 위하여 무슨 일로 검찰청까지 가게 되었는지 물어보았습니다.

전화 상담을 요청하기 열흘 전쯤이었다고 합니다. 현민이는 집에 오기 위해 지하철역 출구를 나오는 참이었다고 해요. 그때 마침 근처 포장마차에서 우동을 먹고 있던 손님의 휴대전화가 울렸고, 그 벨소리를 들은 현민이가 갑자기 소리를 지르며 벨소리가 나는 손님을 쫓아다니는 작은 소동이 이어졌고요.

놀라 소리를 지르면서 도망 다니던 그 손님을 지켜보던 다른 손님이 인근 지구대에 전화를 걸었습니다. 경찰이 오는 사이 현민이는 조금 진정이 되었다 합니다. 갈 길 가던 현민이는 출동한 경찰에게 현행범으로 체포되었습니다.

한편 〈말아톤〉의 초원이는 잠깐 약국에 다녀온다던 엄마가 한참이 지나도 돌아오지 않자, 엄마를 초조하게 기다립니다. 그러다 뭔가를 발견했는지 눈을 번쩍 뜨고는 슬며시 일어나 종종걸음을 합니다. 초원이는 사람들 틈 속에서 꼬리를 살랑거리는 얼룩말의 엉덩이를 보고 따라간 것이죠.

그러나 지하철 플랫폼 위에서 초원이가 조심스레 만진 그 얼룩말의 엉덩이는 얼룩말 무늬 미니스커트를 입은 여성의 엉덩이였습니다. 같은 자리에 있던 그 여성의 남자 친구는 "아, 이 새끼가 미쳤나!" 하며 초원이 얼굴을 주먹으로 후려칩니다. 법적으로 보면 초원이가 '성폭력범죄의 처벌 등에 관한 특례법'에 있는 '공중밀집 장소에서의 추행죄'로 입건*될 수 있는 상황이었죠. 만약 그 장면에서 플랫폼에 서 있던 두어 명의 경찰이 나서서 초원이를 현행범으로 체포했다면 그 사건은 어떻게 흘러갔을까요?

현민이가 소리를 지르고 여자 손님을 쫓아다닌 일로 조사를 받은 그날로부터 나흘 뒤 현민이 어머니에게 문자가 왔습니다. '귀하의 사건이 사건 번호 ○○으로 ○○지방검찰청으로 송치되었습니다.'라는 내용의 문자였습니다. 그 문자를 받은 다음날, 현민이 어머니는 검찰청에서 전화를 받습니다.

"현민이 어머니 되시죠? 이 사건 피해자와 합의하실 거예요?"

갑작스러운 진행에 당황스러웠지만, 어쨌든 현민이 때문에 그 손님분이 놀랐을 생각을 하니 합의금을 드리고 사과를 하고 싶었습니다. 그래서 그러겠다고 했습니다. 그런데 그 다음날 다시 검찰청에서 "현민이 사건 피해자가 연락이 안 되네요. 합의는 어려

---

* 입건立件이란, 수사기관이 사건을 수리하여 수사를 개시하는 것을 말한다.

울 것 같으니 그냥 벌금 내세요."라고 연락이 왔더랍니다.

그러니까 처음 사건이 발생하여 경찰이 현장에 출동하고, 검찰에서 '벌금형으로 약식기소*하겠다'는 취지의 전화 통보를 하기까지 걸린 시간이 불과 일주일도 안 되었던 것이지요.

"어머니, 이런 경우는 저도 처음 보는데요? 통상 형사사건은 경찰에서 2개월, 검찰 단계에 와도 2개월은 걸리는데, 사건 발생한 지 일주일도 안 돼서 검찰에서 그런 연락을 받으셨다고요?"

너무 이상해서 그렇게 되물을 정도였습니다. 사건 처리 과정의 문제를 바로잡기 위해 시간이 필요했습니다. 그래서 얼른 2015년 경찰청에서 발간한《장애인 수사 매뉴얼》을 살펴보았습니다.

수사기관은 범죄 사실 조사에 들어갈 때, 피조사자의 장애인 여부를 확인해야 합니다. 그리고 피조사자가 장애인임을 확인하였다면, 그 장애인을 위한 신뢰 관계자가 함께 조사에 참여할 수 있다는 사실을 알려 주어야 합니다. 장애인이 신뢰 관계인의 동석을 요구하면 실제 동석하게 해야 할 의무도 있습니다. 또한 의사소통에 어려움을 겪는 장애인을 위하여 의사소통 관련 조력(보조 인력, 점자 자료, 대독, 음성 지원 시스템 등)을 제공할 의무까지 상세히 기재되어 있었습니다.

---

* 약식기소略式起訴란, 검사가 피의자에 대하여 징역형이나 금고형보다 벌금형이 마땅하다고 생각되는 경우에 기소와 동시에 벌금형에 처해 달라는 뜻의 약식명령을 청구하는 것을 말한다. 검사가 약식기소로 처분할지, 정식기소로 처분할지는 사안의 중대성에 따라 결정한다.

그런데 현민이 사건의 경우, '딱 봐도 장애인'이었다는 신고자의 진술이 있었음에도 경찰은 현민이가 장애인인지 확인하지도 않았고, 신뢰 관계자인 현민이 어머니를 조사에 동석시키지도 않은 채 사건을 일사천리로 진행했던 것입니다. 현민이 어머니가 처음 연락을 받은 것은 지구대에서 현민이가 조사를 받은 이후 경찰서로 사건이 넘어간 다음이었습니다.

이러한 여러 가지 수사 절차상 위법한 지점을 지적하는 의견서를 작성해 어머니 편에 검찰에 발 빠르게 제출하였습니다. 그로부터 보름 정도 지난 어느 날, 현민이 어머님께 연락이 왔습니다.

"변호사님, 정말정말 고맙습니다. 현민이 사건이 다행히 기소유예*가 되었다고 합니다."

현민이가 벌금형으로라도 약식재판에 넘어갔더라면 전과자가될 수도 있었고, 정식 재판**을 청구했더라도 현민이의 장애 특성을 재판부에 설명하는 것이 정말 어려웠을 사건이었습니다. 현민이가 기소되지 않아서 빠르게 그 가족이 일상에 복귀할 수 있었고 현민이도 차분히 입대 준비를 할 수 있었지요.

---

* 기소유예起訴猶豫란, 죄는 인정되지만 피의자의 연령이나 성행, 환경, 피해자에 대한 관계, 범행의 동기나 수단, 범행 후의 정황 등을 참작하여 기소를 하여 전과자를 만드는 것보다는 다시 한 번 성실한 삶의 기회를 주기 위하여 검사가 기소를 하지 않는 처분을 말한다.

** 정식재판正式裁判이란, 약식명령을 받은 피고인 또는 검사가 약식명령에 대하여 불복 신청을 하였을 때, 또는 즉결심판을 받은 피고인이 이에 불복 신청을 하였을 때 열리는 통상의 공판 절차에 의한 재판을 말한다.

누구나 피의자가 될 수 있다

사건은 잘 마무리되었지만, 한편으로는 마음이 무겁습니다. 초원이와 현민이는 장애가 있다고 집에만 있어야 하는 사람들이 아닙니다. 그래서 사회에서 이런저런 활동을 하다 보면 비슷한 일을 다시 겪을 가능성이 큽니다. 사회구조적인 문제가 있지만 개선되지 않는 사각지대가 있기 때문입니다.

경찰이 어떤 사건을 인지하여 진행되는 인지사건*이 기소되는 경우, 그 경찰은 좋은 근무 평점을 받게 됩니다. 반면 자기변호나 옹호가 어려운 발달장애인(지적 장애인과 자폐성장애인)은 수사 과정에서 피의자의 방어권을 제대로 행사하지 못하는 경우가 많죠.

수사가 시작될 때 피의자가 장애인인지 확인하여 일일이 전산상 입력하지 않았다고 수사기관이 받는 불이익은 거의 없습니다. 비장애인이거나 '법잘알(법을 잘 아는 사람)'은 문제를 삼을 수사 방식으로 수사가 이루어져도 발달장애인은 문제 제기를 하기 어려운 것이 현실이죠.

이렇게 속전속결로 수사가 진행되어 약식기소로 마무리되는 가벼운 사건은 판사님이 피고인의 얼굴 한 번 보지 못한 채 서류로 재판이 이루어집니다. 그래서인지 매년 법원에서 발간하는 통계

---

* 인지사건認知事件이란, 수사기관이 스스로 범죄 인지를 하여 형사입건한 사건으로 고소인의 고소가 없이 수사가 개시되는 사건을 말한다.

자료집 《사법연감》에는 '약식 사건 피의자 중 장애인의 비율' 관련 통계를 잡을 수조차 없는 것으로 나와 있습니다. 이러한 구조가 계속된다면 제2의 초원이, 제2의 현민이 사건이 없으리라는 보장을 못 합니다.

누구나 피의자가 될 수 있고, 경찰은 어떠한 사건이라도 인지하고 수사할 수 있는 권한이 있습니다. 장애인이라도 처벌을 받을 만한 잘못을 했다면 법에 따라 벌을 받아야겠죠. 그렇지만 수사 초기 피의자에 대한 정보를 입력할 때 장애인 관련 기초 정보(등록 여부, 등급 유형 등)를 입력할 아무런 장치도 마련되어 있지 않은 현실에서, 수사 개시 이후 장애인에게 법령상 방어권을 보장하고, 정당한 편의*를 제공하는 것은 거의 불가능한 일로 보입니다.

형사 처분 절차는 한 사람의 인생이 달린 문제입니다. 그러니 한 걸음 한 걸음 신중하게 진행됩니다. 자기옹호가 어려운 초원이와 현민이에게도 그 신중한 과정이 잘 적용되면 좋겠습니다. 주위를 둘러보면 우리는 이미 장애인과 함께 한 지역사회에서 공존하며 살고 있기 때문입니다.

---

* 정당한 편의란, 장애인이 비장애인과 동등하게 같은 활동에 참여할 수 있도록 장애인의 성별, 장애의 유형 및 정도, 특성 등을 고려해 만든 편의 시설·설비·도구·서비스 등 인적·물적 제반 수단과 조치를 말한다.(장애인차별금지 및 권리구제 등에 관한 법률 제4조 제2항)

13.
그것은 정말 선물이었을까?

— 〈7번 방의 선물〉 속
예승이 아빠가 받은 선물의 실체

우리나라에는 천만 명이 넘는 사람들이 극장에서 본 영화가 몇 편 있습니다. 무려 1천7백만 명이 본 〈명량〉이 역대 한국 영화 흥행 1위, 2위는 〈신과 함께—죄와 벌〉(14,411,675명), 3위는 〈국제시장〉(14,262,766명), 4위가 〈베테랑〉(13,414,200명), 5위가 〈도둑들〉(12,983,841명)입니다. 그리고 실화를 바탕으로 제작되었다는 한 지적장애인의 이야기, 〈7번 방의 선물〉이 6위의 흥행 성적(12,811,435명)을 가지고 있습니다.(2018년 12월 기준)

장애 인권 관련 일을 하면서도 〈7번 방의 선물〉을 보러 직접 영화관에 가지는 않았습니다. 예고편을 보고 다소 실망했기 때문입니다. 지적장애인 이용구로 분한 연기파 배우 류승룡 씨가 대사를 표현하는 방식에 깜짝 놀랐습니다. 이용구는 초등학교 저학년 정도의 딸아이를 키우는데, 언뜻 보기에도 삼십 대 후반이나 사십 대 초반입니다. 그 정도 나이의 수많은 남성 지적장애인과 이야기를 나누면서 이용구처럼 "예, 예승이 예뻐요!", "배고파요!" 이렇게 아기 화법을 쓰는 분을 만난 적이 없습니다.

저는 주로 노동력 착취 피해를 당한 남성 지적장애인 당사자를 수사·재판 과정에서 대리합니다. 그 피해자들은 이용구와 비슷한 나이의 사람들입니다. 이용구는 마트에서 스스로 일을 하면서 딸과 함께 지역사회에 사는 주민입니다. 그런데도 오랜 기간 한 곳에 갇혀서 노동 착취를 당한 범죄 피해자보다 더 어린아이같이, 부자연스럽게 말을 합니다. 그런 표현들을 보면서, 비장애인이 지적장애인에 대해 가지고 있는 일반적인 편견이 보였습니다. 지적 장애는 '지능 수준이 아이와 같다'는 것이니, '말하고 행동하는 것도 아이와 같을 것'이라는 편견이죠. 그래서 그 영화를 보는 내내 이용구라는 사람에게 잘 공감하지 못할 것 같아 영화관에 가지 못했습니다.

몇 개월 뒤 우연히 텔레비전에서 방영해 주는 영화 〈7번 방의 선물〉을 보게 되었습니다. 미소가 사랑스러운 예승이와, 바가지머리에 순수한 눈빛의 예승이 아빠 이용구. 그 두 사람이 서로 아껴주며 알콩달콩 살아가는 모습은 입가에 미소를 지으며 바라보기에 충분했습니다.

그런데 예승이가 그렇게 좋아하던 만화영화 〈세일러문〉 때문에 이용구가 갑자기 미성년자약취유인죄, 그리고 강간살인죄라는 무시무시한 사건의 피고인이 되어 1심에서 사형을 선고받는 사건이 발생합니다. 우연히 발생한 사고일 뿐인데 현장에 있었다는 이유만으로 사건의 피고인이 되어 버린 이용구는 지적장애 때문에 재판에서 이렇다 할 방어도 못 하고 헤벌쭉 웃으며 교도소 7번 방에 들어오게 된 것이지요.

지적장애인인 이용구의 난생 처음 교도소 생활이 과연 순탄할까 걱정이 되었지만, 이용구 특유의 선함과 오지랖으로 감옥 안에서 예승이도 만나고 교도소 보안과장의 목숨을 구하기까지 합니다. 그 일을 계기로 보안과장은 이용구를 눈여겨보게 됩니다. 이

용구의 항소심 재판이 한창일 때 보안과장은 이용구의 형사 기록을 보게 되는데, 놀라운 사실을 발견합니다. 이용구가 조목조목 자신의 범죄를 자백한 자필 진술서를 보게 된 것이지요, 그 진술서는 물론 이용구의 1심 사형 판결에 결정적인 역할을 한 중요한 증거였습니다.

지적장애인이 스스로를 변호할 권리

그 장면을 보니 예전에 대리했던 피의자 양조 씨가 생각났습니다. 양조 씨는 태어날 때부터 지적장애를 가지고 있었는데, 저와 처음 만났던 때는 사십 대 초반 정도였습니다. 양조 씨와는 양조 씨 어머니의 다급한 요청으로 만났습니다. 양조 씨는 잘생긴 얼굴에 웃는 모습이 무척 매력적인 사람이었습니다. 말은 느릿느릿한 편이었고 수줍음이 많아 웃으면서도 눈을 마주치는 건 쑥스러워하는 분이었습니다.

"양조 님, 그날 무슨 일이 있으셨는지 생각나시는 대로 자세히 이야기해 주실 수 있으세요?"

어머니께만 설명을 들으면 실제와 왜곡되는 내용이 있을까 봐 양조 씨와 둘이서만 대화를 이어 나갔습니다.

"아침에… 지하철 안에서… 갑자기 어떤 아저씨 두 명이 내리라고 하더니… 저를 데리고 가서 출근을 못 하게 했어요."

양조 씨는 장애인 작업장에서 성실히 일하는 노동자였습니다. 그날도 평소와 같은 시간에 나와 같은 방법으로 지하철을 탔다고 합니다. 출근 시간이었기 때문에 지하철 차량 안에 사람이 제법 많았습니다.

"어머니가 지하철에 타면… 다른 사람이랑 몸이 닿지 않게 조심하라고… 두 손을 이렇게 팔짱을 끼고 있으라고 하셔서 그때도 그렇게 하고 있었어요."

양조 씨가 혹시나 오해를 받을까 봐 어머니는 평소에 양조 씨에게 '지하철에 타면 다른 사람과 신체 접촉을 각별히 조심하고, 양손은 팔짱을 끼고 있으라'고 계속 이야기했다고 합니다. 그래서 그날도 팔짱을 끼고 사람들 틈에 끼어 지하철을 타고 가고 있었던 것이죠.

"제 앞에 있던 어떤 여자분… 머리카락이 길었는데 제 손목시계에 머리카락이 엉켰어요. 저는 모르고 있었는데 그 여자분이 갑자기 뒤에 있는 저를 확 노려보더라고요. 그러고 나서 바로 어떤 아저씨 두 명이 저한테 내리라고 한 거예요."

양조 씨는 영문도 모르고 그 '아저씨'들을 따라 내렸습니다. 내리고 나서야 그들은 자신들이 '경찰'이라고 알렸다 했습니다. 그러고는 "조사를 받으러 가자"고 했습니다.

"저한테 똑같은 말을 계속 물어보고, 계속 글자를 쓰라고 하고,

정신이 하나도 없었어요."

"잠깐! 글자를 '쓰라고' 했다고요? 무슨 글자를 썼는지 기억이 나나요? '불러 주는 대로' 쓰라고 한 것인가요, 아니면 '생각나는 대로' 쓰라고 한 것인가요?"

"잘 기억이 안 나요. 처음 보는 사람들이 계속 뭐라고 혼내면서 이렇게 하라고 하고 저렇게 하라고 해서… 어떻게 해야 할지 모르겠더라고요. 그냥 계속 죄송합니다, 죄송합니다 그렇게 말했던 것 같아요."

그렇게 초기 조사가 끝나고 그 이후에야 연락을 받은 양조 씨의 어머니는 경찰에게 "왜 진작 나를 부르지 않았느냐?", "장성한 아들이니 소리 지르고 반말하지 말아 달라."고 했다가 양조 씨 옆자리에 앉아 있지도 못하고 밖으로 쫓겨났다고 했습니다.

"애가 아무리 아파도 직장에 빠지지 않고 열심히 나갔는데, 그날 직장에 못 나간 게 미안하다고 계속 저한테 그러더라고요. 지금 직장이 문제인가요? 여기서 무슨 일이 있었는지 알 수도 없는데……. 하도 불안해서 변호사님을 찾아오게 되었어요."

어머니가 걱정스러운 얼굴로 말씀하셨습니다.

검찰에서 수사 중인 사건 기록은 원칙적으로 볼 수 없습니다. 그렇지만 피의자 본인이 진술하거나 기재한 내용은 정보공개청구를 통해서 볼 수 있죠. 그래서 재빠르게 정보공개청구를 해 보았습니다. 그랬더니 받아 본 자료에 충격적인 내용이 하나 포함되어 있었습니다. 그것은 양조 씨가 직접 자필로 작성한 '자술서'였습니다.

자술서

주민등록번호   XXXXXX - XXXXXX

이름

....

(전략)

저는 201X. X. X. 어디에서 어디로 가는 전철(전철 번호 ○○번) 안에서 제 앞에 있는 여성분의 엉덩이에 제 ○○를 갖다 댔습니다.

(후략)

정말 황당하기 그지없었습니다. 왜냐하면 양조 씨는 스스로 글을 쓸 수 없었기 때문입니다. 양조 씨는 하루에 한 시간 정도씩 어머니와 글씨 연습을 했는데, 최근 몇 년간 연습한 공책을 받아 보니 스스로 글로 생각을 표현할 수는 없었고 누군가가 불러 주거나, 옆에 놓인 문서를 필사하는 것만 할 수 있었습니다. 스스로 글

씨를 써 보라고 해 보았지만 난생 처음 보는 자음과 모음의 조합으로 이루어진 그림이지, 글씨라고 할 수는 없는 것들이 나열되어 있었습니다.

"아이고, 우리 아들이 불러 주는 대로 썼나 보네요. 이렇게 혼자서 글을 잘 쓰는 것은 평생 본 적이 없습니다. 제가 평소에, 장애인이니 남에게 피해 주지 말아야 한다고, 무조건 잘못했다고 말하라고 가르쳤던 것이 한스럽습니다."

얼마나 서둘러서 받아 적었는지 '주민등록번호'가 '주민등번호'라고 기재되어 있는 것을 보면서 당시 어떤 상황이었는지 상상이 되었습니다. 몹시 화가 나고 어이가 없었습니다.

장애인을 대하는 방식이 바로 이 사회의 민낯

얼른 검찰청에 선임계*를 내고 양조 씨가 피의자 신문을 받는 날, 함께 가서 조사에 참여했습니다. 그리고 양조 씨가 당시 차고 있었던 손목시계, 평소 글씨 연습을 하던 공책 등을 꼼꼼히 준비해 가서 담당 검사에게 제출하였습니다.

"검사님, 이 사건은 발생 당시부터 수사기관에 의한 인권침해가

---

* 선임계란 변호사에게 사건을 맡긴 사실을 나타내는 문서입니다.

있었던 사건입니다. 신분증 확인을 통하여 양조 씨가 지적장애인 당사자인 것을 알면서도 초기 조사에서 신뢰 관계인을 동석하게 하지 않았습니다. 게다가 지적장애인을 다그쳐서 스스로 글을 못 쓰는 사람에게 범죄 사실을 자백하는 내용의 자술서를 불러 주는 대로 받아 적게 했습니다. 피의자의 혐의 없음을 밝혀 주십시오."

이 사건은 이후 몇 개월의 조사 결과 초기 수사 당시의 위법성이 확인되었고, 양조 씨는 다행히 무혐의가 인정되어 불기소처분을 받았습니다.

〈7번 방의 선물〉의 이용구가 재판을 받으면서 자신이 공들여 작성한 것으로 되어 있는 그 '진술서'를 본 적이나 있었을까요? 이 영화는 1972년에 있었던 '춘천 강간 살인 조작 사건'이라는 실화를 바탕으로 합니다. 또 다른 영화 〈재심〉은 '약촌 오거리 살인 사건'이라는 실화를 바탕으로 한 것입니다.

이런 말도 안 되는 일은 예전에나 있었던 일이지, 지금은 있을 수도 없다고요? 그렇지 않습니다. 이 사회가 발달장애인을 어떻게 대하는지에 따라 이런 일은 얼마든지 다시 생길 수 있습니다. 다행이라며 미소 짓던 양조 씨 모자를 바라보며 마음 한 켠이 여전히 무거웠던 이유가 여기에 있습니다. 그 미소를 가벼운 마음으로 볼 수 있는 그런 세상이 오길 꿈꿔 봅니다.

◆ 장애인과 비장애인이 함께 도전하고 어울리는 멋진 세상을 꿈꿉니다.

◆ 장애인 · 아동 · 여성 권리 옹호를 위한 법률 지원, 제도 개선, 인권 교육을 하고 있습니다.

1. 법률 지원

○ 「장애인권법센터」는 '장애를 원인으로 차별이나 인권침해를 받은 사건'을 상담하고, 필요한 법률 지원을 하고 있습니다.

○ 사회적 소수자의 권리 옹호 활동을 하는 단체 및 기관들과 연대하여 사례를 지원하는 경우가 많습니다.

○ 무연고자나 옹호 체계가 약한 발달장애인 또는 정신장애인, 피해의 목소리를 스스로 내기 어려운 장애 여성 또는 장애 아동을 중점적으로 지원합니다.

○ 주로 학대, 인권침해를 당한 사회적 소수자를 위한 형사 피해자 대리를 수행합니다.

○ 접근이 어려운 곳에 사는 분들을 직접 만나기 위하여 출장을 많이 다닙니다.

○ 일반 사건 수임은 하지 않습니다. 인권침해를 당했지만 아무도 도와주지 않는 사건만 무료로 지원합니다.

2. 제도 개선

○ 「장애인권법센터」는 인권을 보장하기 위한 다양한 법제도 개선 활동을 하고 있습니다.

○ 인권 신장을 위한 제도 개선 활동이나 정책 연구, 입법 운동, 연구 수행, 법률 자문 등을 수행합니다.

○ 장애인 권리 옹호 체계 연구, 성폭력 관련법 및 장애인 인권 관련 법령 개선 운동, 장애인에 대한 정당한 편의 제공 연구, 탈시설 정책 연구, 장애인 행정 절차 및 사법 절차에서의 권리 개선, 아동 권익 향상, 장애인 웹 접근성 연구 및 정책 제안 등을 진행한 바 있습니다.

3. 인권 교육

○ 「장애인권법센터」는 장애와 인권 관련 법 교육, 사례 교육을 수행하고 있습니다.

○ 장애인 인식 개선을 위한 교육, 권리 침해 시 사법 절차 관련 법 교육, 장애인에 대한 정당한 편의 제공 교육, 인권침해 예방과 대응 교육 등 다양한 인권 교육을 진행합니다.

○ 대규모 집합 교육보다는 소통하는 교육을 지향합니다.

○ 수강자 중 장애인 당사자가 있는 경우, 정당한 편의 제공을 위한 소통을 합니다.

4. 센터 운영

○ 「장애인권법센터」는 변호사법상 '법률사무소'입니다. 일반적으로 법률 사무소는 영리 활동을 전제로 하지만, 「장애인권법센터」는 스스로 영리 활동을 포기하고 비영리 공익 사건만 전담하고 있습니다.

○ 비영리단체가 아니므로 기부금 영수증을 발급할 수 없어, 일반 시민을 대상으로 모금 활동을 하지 않습니다.

○ 「장애인권법센터」가 오래오래 활동할 수 있도록 응원해 주세요.

○ 문의 사항은 kimyewon.law@gmail.com 로 연락 주시면 됩니다.

누구나 꽃이 피었습니다

첫 번째 찍은 날 | 2019년 2월 21일
다섯 번째 찍은 날 | 2021년 9월 23일

지은이 | 김예원
펴낸이 | 이명회
펴낸곳 | 도서출판 이후
편집 | 김은주
표지 및 본문 디자인 | A. Lance
글 ⓒ 김예원, 2019
그림 ⓒ 버닝피치, 2019

등록 | 1998. 2. 18.(제13-828호)
주소 | 10449 경기 고양시 일산동구 호수로 358-25(동문타워 2차) 1004호
전화 | 대표 031-908-5588 팩스 02-6020-9500
블로그 | http://blog.naver.com/ewhobook
ISBN | 978-89-6157-096-1 03300